▶沉浸在爱情中的男女往往会忽视一个问题：我们的感情有没有未来？如果你们只是陶醉于爱情的甜蜜之中，而没有关注过彼此的差异；如果你们总是在冲突后不欢而散，总是一方在认错求和；如果你总是把对方看作生活的全部或者视为自己的所有物；如果你们总是刻意展现完美，幻想神仙眷侣而不愿做柴米夫妻……那么，即使爱到荼蘼，最后也免不了一地鸡毛。

▶很多人都曾在爱中迷失自己，有的人继续寻觅，有的人却选择把自己封闭起来。问问自己，你为什么不再相信爱情？一个缺爱的人、一颗封闭自己的心，怎么能去爱别人。

▶一无所有的时候，我们曾那么快乐；可是拥有的多了，我们却有了隔膜。别傻了！我们真正要做的不是用爱情改变生活，而是让我们的爱情不被生活改变。这才是爱情最难的部分。

▶不要把婚姻当成一种救赎，幸福是自己给自己的。张德芬说，婚姻和谐的重要要素是"改变自己的期待"。如果你自己一个人做不到幸福，结婚也未必能给你幸福，你真正渴求的东西并不在另一半的身上。

▶我们以为爱情是一场浪漫的旅行，但是别忘了旅行总有终点。爱情需要轰轰烈烈，更需要静谧绵长，需要回归生活，需要承载日常琐碎和柴米油盐。爱情的本质是勇敢追求和平凡坚守，以及一场持之以恒的修行。

▶我们的情感总是五味掺杂：争吵、失落、甜蜜、痛苦、幸福……这些都是极为正常的情感经历。在爱情与婚姻中，哪个人敢说自己完全没受过伤呢？然而不管你曾经受过多少伤，当爱情到来时，你就获得了最好的医治和疗伤机会，从深度心理学的角度来看，世界上最好的治疗者就是自己的爱人。所以别再因为害怕受伤而逃避感情，恋爱没有失败，只有得到或者学到。

亲爱的，其实你不懂爱

各种情感病以及如何治愈情感病

圻双瑜 著

台海出版社

图书在版编目（CIP）数据

亲爱的，其实你不懂爱 / 圻双瑜著. -- 北京 : 台
海出版社, 2017.6

ISBN 978-7-5168-1450-5

Ⅰ.①亲… Ⅱ.①圻… Ⅲ.①恋爱心理学—通俗读物

Ⅳ.①C913.1-49

中国版本图书馆CIP数据核字（2017）第137231号

亲爱的，其实你不懂爱

著　　者：圻双瑜

责任编辑：王　品　　　　　　　　装帧设计：久品轩
版式设计：阎万霞　　　　　　　　责任印制：蔡　旭

出版发行：台海出版社
地　　址：北京市东城区景山东街20号　邮政编码：100009
电　　话：010－64041652（发行，邮购）
传　　真：010－84045799（总编室）
网　　址：www.taimeng.org.cn/thcbs/default.htm
E－mail：thcbs@126.com

经　　销：全国各地新华书店
印　　刷：保定市西城胶印有限公司
本书如有破损、缺页、装订错误，请与本社联系调换

开　　本：150×210　1/32
字　　数：127千字　　　　　　　　印　张：7
版　　次：2017年10月第1版　　　印　次：2017年10月第1次印刷
书　　号：ISBN 978-7-5168-1450-5

定　　价：32.00元

前 言　　**爱是本能，但我们依然不懂爱**

什么是爱情？

没有人能对爱情下一个确切的定义，但是每个人心中都有自己对爱情的定义。

莎士比亚说："爱情不过是一种疯。"最甜蜜的是爱情，最苦涩的也是爱情。浅尝辄止，却也能食髓知味；爱到疯魔便刻骨铭心。爱源于人类心中最原始的本能，我们生来就具有爱人的能力，但如何爱与被爱却是人类世世代代追寻的答案。

旧与新的交锋：当下的我们真的懂爱吗？

在快速变迁的社会环境中，在物质极大丰富的当今社会里，我们每天都忙于应对这匆匆变化的世界。不再是"车、马、邮都慢"的时代，我们是否还有耐心去爱一个人？传统爱情观的影响，中西方文化的交融，让"爱情"这个词儿变得更加难以捉摸。

互联网的时代，思想不断开放，恋爱和婚姻早已不是曾经的模样。有一份针对青年人的调查显示：60%的受访者坦言恋爱是因为孤独，30%的受访者表示自己可以快速走出失恋，20%的青年人在调查中表示，恋爱中出现问题就会分手，继而去寻找下一个目标，而只有5%的受访者会在第一段恋爱时就持有结婚的想法。

开始一段爱情容易，维持一段爱情却需要智慧。因为孤单而开始一段感情，出现问题就仓促结束，转而去寻找下一段爱情。讲究效率的时代，我们追求各种高效产品，结果，连爱情都成了"快消费品"，寻寻觅觅，却始终无一人可"执子之手，与子偕老"。不断增加的社会压力之下，各种各样的情感病像一个个隐形的杀手，破坏着我们的恋爱与婚姻。

面对情感病，许多人都不愿"直视"。

很多人认为，个人在恋爱中的习惯、要求都是自己的态度，要捍卫自己的个性。殊不知，这些可能是爱情中的情感病：有些人因为孤独而找寻陪伴，一旦恋爱恨不能每时每刻都黏在一起，一旦分手整个世界都要崩塌；有些人在恋爱中对爱人控制欲极强，认为爱情就是要完全占有；还有些人会因为一枝玫瑰与你相爱，也同样会因为一枝玫瑰而离开，与你的爱情，只是他生命中的一段经历。这些真的只是习惯吗？一段无果的爱情，真的只是因为没有找到那个合适的他/她吗？

其实我们真正应该做的是正视自己。爱情中的我们，可能都有情感病。那些看似常见的行为，背后却有着更深层的心理学问题。我们何不发现它，了解它，找到那些内心深处的渴望与诉求，给自己的爱情做一次疗愈，让自己真正懂得如何去爱人与被爱！

目　　录

第一章　那些年我们遭遇的情感病

Contents

Contents

Contents

C o n t e n t s

第八章　我们都一样，曾经被伤害

第一章　那些年我们遭遇的情感病

1. 爱情是一场无法自愈的心病

说起来你肯定不相信，爱情怎么会是一种病呢？爱情可能是我们人生中最甜蜜的时刻，也可能是我们最心酸的体会，很多人说它是一剂良药，能治愈我们的孤单，治愈我们的茫然。所以，爱情又怎么可能是一种病呢？

之所以说爱情是一种病，是因为它来临的时候，会让人面热、心跳过快，有时候甚至会伴随耳鸣目眩、呼吸困难等症状。这些特征不正和某些病症相吻合吗？但是爱情这种病比一般的病来得更加迅猛，而且没有任何的征兆。它随时随地都可能会发生，可能是一个飘忽的眼神，可能是一句清浅的话，可能是一封没头没尾的短笺，更可能是极短时间的相处。

而且爱情一旦发生彼此间还会传染，传染之后就会加重爱情病的原有症状。

爱情这种心病没有解药，人类对这种病暂时还没有任何的免疫能力，一旦发生就只能任其肆意扩散，而且心甘情愿等它发病。爱情病会伴随很多的生理反应，比如肾上腺激素增加、瞳孔扩大、心跳加速、汗水增多，它还会给人带来紧张和压抑的心情，就像要面临重大考试或者面试一样。中毒越深越不能约束自己，会产生躁动不安的情绪，对某人产生依赖感，心理异常脆弱，经受不住打击。判断能力、分析能力、逻辑能力随之下降，出现短时间的"智力障碍"和精神分裂、臆断、妄想等症状。

由此可见，爱情真的是一种病，一种感染性的心病。它不受时间和空间控制，不受环境好坏左右，只要有人存在的地方，就会随机发生。当它发生时，感染的方式可能是一对一，也有可能N对N。免疫能力较差的人一个不小就会被传染，或许通过眼神或许通过触碰。而随着社会发展，它的传播途径越来越多，互联网、短信、MSN、微信、微博，传播的地域和空间也在无限地扩张。

　　有时候我们千方百计地去避免，仍然无法阻止自己得病，而且患上这种病之后也不一定会产生免疫能力。我们总是情不自禁生出其他的情绪——同情、怜悯、关心、赞赏，这些都能慢慢地转变成爱情。很多人得了这种病后不会在短时间内爆发，而是经过沉寂后慢慢呈现出来，这并不是因为"病毒"沉潜在身体里面，而是因为患病的人有比较强大的自控能力。他们一度在思想上控制住了这种病，但结果还是爆发了。

　　其实我们人生中的许多事情都是不受控制的，就像爱情。它如春来冬去一样不是你想控制就可以不发生——即便你能控制得了自己，可是却控制不了别人。爱情这种病，你越想控制，就越控制不好。当别人对你产生了爱情，你无法逃避，也无法躲藏，因为他终有一天会让你知道他得了这种病，他会想方设法处心积虑地传染你，当你们同病相怜时，也就正式进入了爱情生活。

　　通常情况下，容易被传染爱情病的人群有以下几类：1.同情心泛滥的人，倘若有一人得了这种病，你不经意间和他接触，最终也会被无情地感染上；2.自己本身就有病的人，再遇上同样有病的人，同病相怜传染更快！3.不相信爱情是种病的人，非要以身去试，结果身陷其中不能自拔。

许多人在爱与被爱的过程中受了伤，他们想了各种办法来抚平伤口，但怎奈身上的伤容易好，内心的伤却永远存在。即使伤口结了疤，但在某个动情的时刻又会重新撕裂伤口，这就是爱情这种病留下的后遗症。

得过爱情病的人只能任凭时间冲洗伤口，痛一次舔一次，可是总有些人拼了命都想得这种病。人与人因为陌生，所以勇敢；因为距离，所以美丽。没有得爱情病的人都愿意患上这种病，因为它能解除相思苦，能驱除空虚寂寞。可是当两个人走得越来越近，就如同磁铁一样迟早会出现相互排斥的反应，这种反应最终会演变成彼此之间的伤害，是病情的加重，也是病到一定阶段的征兆。

爱情，是一种病。在我们的一生中得病是不可避免的，只是得病的次数可以人为控制。有时候，单身的人想得这种病，得了这种病的人却又想单身。

2. 拒绝感动：情感冷漠症

爱情来得很突然，但是刚开始一定是源于心灵的悸动，而这种悸动很有可能是某种感动。这些感动并不需要对方做出了惊天动地的牺牲或者可歌可泣的奉献，有时候可能只是因为一件小事：或许因为那天大雨他递过来的一把伞；或许是因为某一沮丧时刻遇见的笑脸；或许是因为窘迫时候伸出的一双手。

感动也是遇见爱情非常重要的一种方式。可是现在的生活节奏加快，很多人忙于生活忙于工作，心灵被世间万物填充太多，变得麻木，渐渐不再容易被感动。

前阵子，心理咨询室来了一个苦恼的妙龄姑娘许晴。

许晴已经参加工作几年，之前的工作很繁忙，姑娘国内国

外出差，生活颠三倒四，后来就是因为身体上的原因，她换了一份稳定的工作。这份工作收入尚可，加上年龄也大了，父母心急起来，都催她赶快找到生命中的另一半。

姑娘也有这样的意向，她以前忙于工作，平时休息总是宅在家里上网玩游戏，网瘾很重，生活圈子也小得可怜，正因为如此，她认识的人不多。亲友们帮着她张罗了不少相亲对象，姑娘倒也积极配合，只是见了不少青年才俊，但是没有一个能入法眼。

不入法眼不是因为什么性格兴趣话题不相投，而是因为她在交往的过程中总会对他们持怀疑态度。她说："我不想相信别人，我看别人缺点特别多，有时候想和别人说话，却总是无话可聊。有的对我很殷勤，可是我还是只看到了他的缺点。"

前阵子，抚养她长大的姥姥去世了，她的妈妈哭得很伤心，可是和姥姥从小很亲厚的她非但没有掉一滴眼泪，而且连心里的情感也不知道怎么表达，看着那么多人特别茫然，只觉得麻木、淡然、绝望、无助。别人可以哭着表达，她的内心却空得什么也装不下。她觉得人生就像等待，等着下一秒发生，没有希望也没有未来，活着或者死了，无非就是一个结果而已。

　　姑娘意识到自己生病了。的确，姑娘患了一种情感冷漠症。情感冷漠症最明显的特点是，对外界刺激缺乏相应的情感反应，对亲朋好友的关怀表现冷淡，对周围的人和事物都失去了兴趣。面部表情呆板木讷，内心情感无法流动，对外界的事物缺乏体验；或是内心想法丰富，但是无法用恰当的方式流露或表达；不会关心别人，没有同情心，永远摆着一副事不关己高高挂起的表情。

　　这类人内心深处充满了孤寂和凄凉，总是对外界持不信任和不满意的态度，对感人的事件抱有怀疑，甚至拒绝感动。患上了情感冷漠症的人通常不觉得自己生病了，因为他们只是觉得自己不容易动感情而已，所以大家往往会忽视这种病症。

　　"情感冷漠症"被广为人知是在第一次世界大战后，许多士兵由于战争伤害而患上此类心理疾病。1950年，美国小说家约翰·多斯帕索斯首次指出这种心理疾病的"人文原因"："冷漠"是生物个体面对太多或太复杂的生存或环境压力时的本能反应。

　　美国知名的脑神经学家吉姆·法伦认为，人的大脑结构中属于额叶部分的眼窝皮层是涉及社会伦理认知功能（包括社交、情绪控制、动机与责任等）的关键器官，如果它在幼年时受损或发育不完全，则有可能导致患者处理伦理和道德判断的功能失效，这样可能会产生"情感冷漠症"。

现实生活中，我们遭遇更多的冷漠也许是"生理冷漠"以及从而延伸出来的"家庭冷漠""道德冷漠""爱情冷漠"……这些可能缘于社会外部环境、身体疾病或生物遗传基因等因素。

且不论"情感冷漠"缘于神经器官受损、外部环境或本能反应，现代人眼下的"冷漠症"更值得大家关注。因为我们在网络和电脑中的包围中成长起来，可能更容易患上"情感冷漠症"。具体的表现就是上网成瘾，对外界刺激缺乏相应的情感反应，对亲情友情冷淡冷漠，因为正常社交的缺乏而没有内心体验，同时拙于表达，有的人严重时对一切都漠不关心。

关于如何治疗这种"情感冷漠"，让人和人之间的情感顺畅地流通，能感受到来自别人的爱意，并且做出积极的回馈和反应，专家们给出了以下的几个方案：

1.敞开心扉。不要总是局限于自己原有的视野，要敞开心扉去接纳一切人和事，让他们走进自己的心灵，这样才能对对方产生感情。

2.积极交流。交流不仅能使人克服冷漠，还能攻克人们的一切情感障碍，因为人和人的情感是在交流中日益加深的。

3.接触大自然。当你觉得孤独寂寞冷的时候，可以到郊外踏青，可以去公园慢跑，可以骑上自行车四处溜达，呼吸周围的新鲜的空气，让开阔的视野消除心中的苦闷和忧郁。

4.欣赏艺术。艺术的形式多种多样，无论是音乐、文学还是美术，都蕴含着让人惊叹的魅力，如果你能对这些无生命的东西倾注情感，那么就会对你身边的人萌生爱意。

5.参加社交活动。只有在群体活动中我们才能慢慢地了解自己，清楚自己的喜好，这样才能在茫茫人海中找到你心仪的另一半。

3. 你真的爱我吗：感情里的多疑不信任

　　陈娅和她的男友恋爱了五六年，其实已经可以谈婚论嫁了，可是他们还年轻，总是担心婚姻对彼此的束缚太多，所以一直没有领证。但是一直以来他们的感情都很好，如漆似胶说不上，但也算是恩恩爱爱，可是最近他们的情感却出现了问题。

　　事情是这样的：陈娅是一个优秀的女孩子，家里家外一把好手。她的男友因为工作的原因会不定时地出差，有时候会和同组的业务同事一起去。有一次，她的男友和新来的小姑娘一起出差。那姑娘刚来不熟悉业务，在单位里总是向陈娅的男友讨教，作为回报也经常给他跑个腿什么的，所以领导就让陈娅男友带着小姑娘见识一下。这是公事，却被单位的其他人调侃成了一桩桃花风流韵事，男友倒也自觉减少了和那个姑娘非业务接触，以为就能平息这个风波，避免传出闲言。

可是陈娅还是知道了这件事。她大闹了一场，后来即使解释清楚了，她心里面还是留下了一根刺。从此她就对男友开始不信任，总觉得男友对她的关心少了，说他在外边拈花惹草养情人，为此他们时不时吵架，而且每次吵架只是情绪的发泄，彼此从没有坦诚地聊一聊。陈娅情绪尤其激动，有几次甚至吵到自己呼吸困难、心律不正常。

陈娅开始对她的男友严防死守，掐着点给她的男友打电话，从来不让他在单位久留，一下班必须回家，拒绝一切可以拒绝的出差工作。男友偶尔出门和朋友聚会也必须要带上她，不能以任何的理由将她排除在聚会之外。男友勉强同意了每天准时回家，彼此相安无事了一段时间。

但是时间长了，矛盾又不断出现。有一次单位集体出游，陈娅不让她的男友参加，可是她单位组织游玩的时候，她潇潇洒洒地就走了。男友气不过又和她吵起来："你可以什么活动都参与，为什么我只能待在家里，只能和你待在几十平米的空间里？"陈娅可不甘示弱："不为什么！你一肚子的男盗女娟，就你这样的只能待在家里。"

男友气得砸了电视机，大骂道："你总是监视我的一举一动，电话、微信、QQ什么你都要查看，我很不自在。我整天在你眼皮底下，不和任何人接触，实在受不了。我本来没有想法的，可是你的多疑让我对这段感情开始失望了！"

陈娅也开始歇斯底里："我就说你外面有人吧。你休想！你要分手可以，得让我知道她是谁。"

……

这样的戏码想来在不少的人身上发生过，爱情最大的障碍就是多疑。哪怕一段感情里没有什么其他的波折，你的多疑也可能凭空制造出波折。生活中，男人最怕女人问"你爱我吗"，同样的一个问题问几千几万遍也还不够，同样的答案听几千几万遍也还不满足。其实，这就是缺乏安全感的表现。

这样的心理在爱情生活中时不时会出现。担心自己美貌不再后遭到嫌弃，担心自己不够优秀配不上对方，担心他移情别恋，担心他一朝富贵弃自己而去。所以最好的维系不是结婚证，而是将对方绑在自己的身边。这样爱情病的发生，原因就在于想把自己的幸福寄托在他人的身上。这样做，本身就犯了一个错误，自己的幸福怎么由别人掌控呢？你掌控不了任何人，除了你自己，幸福始终要抓在自己的手中。

多疑心理产生的原因往往和消极的暗示有关，英国哲学家培根说过："猜疑之心犹如蝙蝠，它总是在黑暗中起飞。"如果你心里没有阳光，那么多疑症会更加令你陷入困境，让你心智迷乱，混淆敌友，进而破坏自己的感情。

我们都期待一份感情能够天长地久，可是哲学上说世间万物都在运动，不存在没有变化的事物。连世间万事万物都在变化之中，又怎么能做到人心不变呢？要求永远不变，违背了事物发展的规律性。社会在变化，而且是瞬息万变，人的心怎么能不变？那我们怎么应对这变化的世界？

1.以不变应万变。我们对于爱人的爱能够不变，那么也应当相信他对自己的爱也不会变。在恒定的一段时间内，静止也是运动的状态。

2.同时以变制变。我们要不断地提高自己各方面的才能，紧跟时代的步伐，让自己有魅力有能力，这样得到的爱就会越来越多。

3.增强自信心。那些缺乏安全感的人往往就是缺乏自信的人，有充分安全感的人，不在乎自己拥有的，也不会害怕失去，他们相信即使自己失去一些，也还会拥有很多其他的东西，甚至再找到更好的。

4.心态放松。不要整天追着自己的爱人跑。他出差你去会朋友，他聚餐你也可以约朋友看电影，不要将心思放在一个人的身上，这样会很累，活得要潇洒，要自由。

5.一份感情的经营本身不易，我们更不应该随便猜忌。在情感交流中，我们要果断地克服多疑，用理智认真地思考审辨，用宽阔的胸怀，友善的态度对待他人。同时要自己相信自己，对事不要过于认真，得失心也不要太重。在情感上的斤斤计较，很容易让自己陷入困境。

4. 拒绝他还是拒绝爱：爱情恐惧症

形形今年25岁了，在大学期间谈了一次恋爱，因为对爱情的渴望和憧憬很强烈，所以投入全部的心力去经营，最后却因为男方嫌弃她的样貌而分手。

从此以后，她一方面对爱情仍然充满了热切的渴望，一方面对爱情也产生了恐惧。

她害怕相同的故事再次在自己的身上重演，毕竟曾经的痛苦是一段锥心刺骨的煎熬。

与之相反，23岁的小霓遇到了一个潇洒英俊的帅哥。帅哥很喜欢小霓的古典美，他使出了浑身解数来追求小霓，可是小霓一直不敢答应。她也很苦恼：这个帅哥有才有貌身边不乏美貌的女子，他一直热情不减地追求自己，会不会只是想贪图新鲜玩一把就走。小霓摸不透他的心思，就借故百般推脱帅哥的情谊；帅哥觉得她在考验他的情感，于是更加卖力地表现。

除了彤彤和小霓的情况，还有一些人因为生活在繁忙的都市中，在各方压力的逼迫下，无暇或是无力去维持一段感情。可是正当年少，谁都会对爱情充满了渴望，充满了强烈的内心需求，这个时候恐慌的症状也就越来越严重。

其实有些人已经沉浸在恋爱喜悦中了，还会有恋爱恐慌症，只是我们往往忽略了。因为有那么一些人，他们在热恋当中，没有真正地投入情感，或者投入了情感的同时会时刻计算着付出和得失。

有这种心态的人，如果发现自己的付出和得到不成正比，就焦虑不安。

其实爱情会给人勇气和希望去面对失败，再从失败中赢取另一个成功。但是很多人害怕去接近成功，只是因为他们曾经经受了失败。他们想要逃避某种东西的恐惧是如此之大，一旦产生这种恐惧心理，他们想逃避痛苦的愿望就会远比追求幸福的欲望要强烈得多。

爱情恐惧症除了以上提到的这些案例，还有以下的一些症状：怕爱上别人后会深陷；怕被拒绝；害怕在最爱的当下失去；害怕受伤，害怕伤害别人；怕被约束了自己一颗爱自由的心；怕恋爱后，就再也回不到以前；怕自己爱对方比对方爱自己还多；害怕因为恋爱而浪费大量时间。

其实对恋爱的恐惧人人各有不同，根据恋爱进行的阶段范畴，大致分成三类，即恋爱前恐惧（拒绝型恋爱恐惧）、恋爱中恐惧（焦虑型恋爱恐惧）及恋爱后恐惧（又称受伤型恋爱恐惧）。可是有很多人并不愿意承认自己患上了情感病，不愿意面对自己的爱情恐惧症。

实际上，年轻人正处在认识自我、了解自我的过程中，患上爱情恐惧症并不是一件羞耻的事。

恋爱恐惧，是经历过或者看过某些事情以后对恋爱产生一种害怕、不信任的感觉。很多人想摆脱这习惯，却担心陷入另外的状态——害怕关系的确立，害怕一旦确立了关系之后，既往的感情就一去不返。

这样的害怕其实就是缺乏自信。不自信的他们可能在童年早期经历了不少的挫折或者打击，当每一次创造和尝试都受到成年人的打压时，他们就会逐渐地对自己产生不信任；或者，他们在成长中经历过家庭的不幸，成年后表现在爱情上便是不自信、不信任，严重者甚至患上了拒绝型恋爱恐惧症。

当然这类人通常较为内敛、不自信和敏感。他们不相信自己有能力获得自己想要的东西，为了避免最后失败，只好选择弃权。套用一句话就是："为了不让别人拒绝我，我就先拒绝别人。"

而另外一种敏感的拒绝型恋爱恐慌者，他们通常非常善于观察和感受。如果他们在现实生活中，看到有人因爱情而受害，他们会把这种情况强加于自己尚未发生的爱情上，有时候还会在头脑中自编自导自演一出苦情戏，自己就在里面扮演凄美得一塌糊涂的主角。

这种人通常患得患失，对彼此的爱情关系缺乏信心。因此，他们对自己伴侣的一举一动有超越常理的高标准，并有明确的感情大纲。相恋的过程中，这种人通常体察毫发，一旦对方行为不在"大纲"之内，就开始抓狂。

切忌不要为了得到爱而去刻意追求什么，也不能因为害怕而拒绝爱，要学会顺其自然、放松心情，爱情会如愿以偿地到来，恐慌也就不再。另外我们要自信，这样才能拥有向对方袒露自己内心的勇气，也能让自己学着接纳别人。也只有自信的人才可以自如地面对外界的各种不确定性，不断尝试，并努力追求自己想要的结果。

5. 离开你我就活不下去了：爱情依赖症

很多女孩子一旦谈起恋爱就容易在一段感情里迷失了自我，喜欢对方到了忘我的地步。她每天都在努力讨好对方，渴望对方每分每秒时时刻刻都要关注自己，但如果发觉对方不是像自己这般投入，便又感到失落、痛苦。

小宇就是这样一个女孩儿。她每天早上醒来第一个想到的就是自己的男友，接着什么不干先发一条短信，如果收不到对方回信，就要发怒，情绪失去控制。她和同学聊天的时候总是会谈到自己的恋人，周围的同学朋友都称她是"炫夫狂魔"；甚至连看小说，看着看着男主人公就变成自己的男朋友，然后沉浸其中，过了半个小时才发现书还是停留在某一页。

只要自己的男友不在身边，小宇就会不断地打电话追踪，有一次甚至一个小时打了二十几个电话。因为对对方过于依赖，小宇给自己的男友很大的压力，男友不堪重负想要分手，小宇又哭又闹："不行，我不能离开你！离开你我怎么能活下去！"

小宇这样其实就是患上了爱情依赖症。查尔斯·达尔文曾经说过：物种均有依赖症，以促其生长。如果人不是依赖环境，就会在情感上依赖另一个人——依赖母亲的叫作"恋母情结"，依赖父亲的叫作"恋父情结"。我们的"情感依赖症"还可以表现为依赖朋友、依赖上司、依赖下属、依赖单位、依赖宠物，甚至依赖玩偶静物。不过在生活中，更多见的就是小宇这样的爱情依赖症。

依赖型人格的人对彼此的亲近和自己的归属有一种深度的、盲目的、过分的渴求。这种渴求一般都是非理性的，只是出于情感上的需要。他们为了能找到一座"靠山"，无时无刻不想得到对方的温情，甚至可以放弃自己的人生观和个人趣味。在这样的内心驱动之下，依赖型人格的人本身就会变得越来越脆弱，越来越懒惰，他们做事缺乏自主性，处处委曲求全，以换取对方的关注和关爱。

有爱情依赖型人格障碍的人往往活得很压抑，这种压抑会进一步阻止他们为自己活着，有时候还会引发更大的焦虑和抑郁。患上爱情依赖症的人多是女性，专家认为，女性产生情感依赖症，与她们温顺、柔弱的个性有关，这些女性的生活单调单纯，生活空间相对狭窄，生活中接触到的人和事物都不多。

一个人的社交圈子太窄，很容易将自己所有情感和快乐都寄托在另一个人身上，依赖症这个时候往往就会乘虚而入。但是，对于被依赖的人来说，这个过程也是痛苦的，常常会伴有难以言说的压力。

此外，习惯了依赖的女性，她们所依赖的对象一旦不再存在或者突然不再起作用，那么这些女性同样也会陷入一种焦虑不安的情绪中。有的人会通过压抑自己的情绪来缓解依赖得不到满足时的痛苦，慢慢地，这种情绪就有可能会演变成抑郁症。其实，爱情依赖症的发生还有以下的几个原因：

1.个体缺乏自信或者自我评价低，担心失去对方，担心自己被抛弃等。

2.据专家调查发现，有依赖症的人大脑内多巴胺（容易让人产生快乐的物质）分泌比常人多，多巴胺的分泌本来是为了中和因不安、寂寞时分泌的去甲肾上腺素，可是过多分泌多巴胺就会发生中毒，其中一个症状就是依存症。也就是说大脑逐渐被多巴胺麻痹，进入痴呆状态。

3.如果年少时与双亲关系不好，没有得到双亲的爱，那么这种童年模式通常会造成心理缺失，他们容易成为成年儿童或者成为儿童型成年人。

4.除上述因素，自己小时候的恋爱体验或者异性关系也会导致依赖症。如果在失恋后或者深陷第三者漩涡时注意到自己变得依赖某一个人，我们通常会觉得其实谁都会这样。但实际上，正因为有过这样的爱情经历，而且还在追求着类似的幻想，所以进入下一次恋爱时容易发生恶性循环。

女性一旦发现自己对某一事物产生了依赖，应该及早摆脱这种不健康的寄托情感的办法，要彻底摆脱它的纠缠，可以从以下的几方面着手：坚持写日记，时常翻阅看看关注自己最近的活动；做自己真正想做的事喜欢做的事，哪怕看起来很疯狂也可以；清除童年时代的阴影；财富不是朋友，但朋友一定是财富，当你依赖症发生反复时，向你的朋友倾诉。

爱情依赖症患者必须要明白，一个人并不等于被别人抛弃或者孤立。患上依赖症的人要学会享受一个人的时光，不依赖别人，也不依赖某种东西或行为。学会和自己相处，独处的时间能够帮助你客观正确地认识自己，形成独立的性格，这是改善依赖症的关键一步。

最后，要摆脱依赖症还要扩大自己的社交范围，多认识新朋友，学习新技能，培养新爱好，这样人生会有很多新的追求，不会长久将自己固定在某一种事物上，就能帮助自己找到多种排解烦恼的方式方法，最终获得安全和快乐。

6. 他是不是发生危险了：爱情偏执症

梁芸的老公生意做得很成功，梁芸就从家族事业中退了出来，当全职太太照顾家中的孩子，日子本来过得很惬意，可是最近她遇到了危机。因为梁芸老公经常在外应酬，她打电话给老公，如果他没有接或者是关机，梁芸就会非常紧张，马上陷入了胡思乱想。她想他是不是出轨了，正在和别的女人胡作非为。有时候又在想，他会不会发生了什么不好的事情，是不是人身安全有危险，他是不是失踪了，或者被人打劫了等诸如此类乱七八糟的东西。

很多时候梁芸刚刚和自己的丈夫通过电话，但看到他QQ下线，或者又打个电话他正好没接上，她就马上开始怀疑哪里出现了问题，怕他是不是跟人去了娱乐场所，或者因为工作压力大引起心脏病突发之类的病症。

梁芸很苦恼，明知道自己这样胡思乱想是不应该的，却总忍不住继续产生各种各样的想法。有一次她的老公手机没电了，他正好在外面，梁芸打电话打到50多次。

梁芸自己患上了情感偏执症，而她自己并没有发觉，只是觉得自己哪里做错了。和情感依赖症正好相反，患有爱情偏执症的人意志非常坚强，他们为了达到自己的目的会不懈努力，有一股不达目的不罢休的狠劲儿。

情感偏执症是什么呢？其实情感偏执症简单来说就是妄想症，而这种妄想很牢固，让人有发狂的冲动，他们容易在日常生活中走极端，对自己对他人产生一些危害。情感偏执症患者对自己身边的人和事都格外敏感，经常根据自己的妄想在没有任何证据的情况下多加猜测，会觉得自己或者自己关心的人被伤害。在正常的社交之中，他们会随时随地怀疑朋友和同事的真诚，如果有人的评价不恰当或者比较随意，他也会妄想出羞辱与威胁的意向。在两性关系中，情感偏执症患者经常在没有任何证据的情况下就怀疑自己配偶的忠诚和感情。

具有偏执型人格的人喜欢走极端，面对一件极普通的事情往往也会想到很糟糕的部分。这与他们头脑中的非理性观念相关，要改变他们偏执的行为，必须让他们分析自己的非理性观念，让他们随时提醒自己不要将任何事物都当作敌对的一方。

情感偏执症患者对任何人都不信任、生性多疑，同时他们也不容易接受任何的忠告。这样的情况让他们坦诚面对自己的病症变得很难，所以首先要让他们放下戒心，明白自己或者他们关心的人都很安全，没有人要伤害他们。

情感偏执症的发生也多因为患者朋友少，注意力只放在某一个方面所造成。发生了偏执症也不要害怕，要积极主动地去与人交流，经常外出参加各种活动，在活动中做到信任对方，逐渐地消除自己的防范心。积极主动地进行交友活动，在交友中学会信任别人，消除不安感。情感偏执症还可以采用自我疗法和敌视纠正训练法。

自我疗法就是将自己念头里面那些不好的想法和观念加以调整和改造，除去其中极端偏激的成分。比如说"世上没有好人"就应该自我调整为"世上好人和坏人都存在，我应该相信那些好人"，"他不接我电话肯定是出事了"自我调整为"他正好在忙，过一会儿他会给我回电话的"等等。

当我们的观念发生偏执，就自动把改造过的合理化观念默念一遍，以此来阻止自己的偏激行为。但是有时候不知不觉表现出了偏激行为而自己不自知，那么我们事后应重新分析当时的想法，找出当时的非理性观念，然后加以改造，以防下次再犯。

偏执型人格障碍患者易对他人和周围环境充满敌意和不信任感，妄想着周围发生危险，因此可以采取以下的敌意纠正训练法，这样有助于克服敌意对抗心理。

1.要经常提醒自己不要陷于"敌对心理"的漩涡中。事先自我提醒和警告，处世待人时注意纠正，这样会明显减轻敌意心理和强烈的情绪反应。

2.要懂得尊重别人，给别人适当的空间，不能过多干预别人的事务和生活。

3.要在生活中学会忍耐。生活在复杂的大千世界中，各种问题和摩擦是难免的，这时必须忍让和克制，不能随时产生敌对的怒火，将自己烧得晕头转向。

第二章　为什么我们会患上情感病

1. 爱情当中的心理学

古往今来，人类不断歌颂爱情的美好，却又给爱情冠以神秘、多变、难以捉摸的形象。从《罗密欧与朱丽叶》到《梁山伯与祝英台》，无数文学大家对爱情都有着自己的理解，无论你是否认真考虑过爱情的本质，对爱情、对感情的基本要求一定是存在的。

一千个观众，有一千个哈姆雷特，一千个人心，也会有一千种爱情的模样。无论如何定义，提到爱情，最基本的要素即是：相爱的两个人和他们的关系。我们讲"关系"而非"婚姻"，是因为在如今这个多元化的社会，婚姻被赋予了更多的社会属性，除了责任、承诺甚至还有压力、无奈与利益。当婚姻不再是爱情的最终走向，当婚姻也可以无关爱情，当爱情变得多元、自由、个性，主张自我，爱情中的我们该何去何从？

中国的《诗经》、司汤达的《论爱情》都对爱情的心理进行了描述，而真正从心理学角度对爱情进行专门的研究是从近代开始的。弗洛伊德开创性的心理学研究，以及他的著作《爱情心理学》，为爱情这一古老的话题，开拓了理论研究的新局面。

那到底什么是爱情呢？抛却非理性因素，从心理学角度、在现代社会的物质精神条件下，我们可以这样定义：爱情是在两性之间产生的，在个体心理达到相对成熟时产生的，会唤醒个体生理的（包括性欲和性感）一种具有浪漫色彩的高级情感。

当然也有很多社会学家对爱情有自己的理解。美国社会心理学家鲁宾（Zick Rubin）在1970年提出，爱情是个人对他人所持有的一种特定的态度，并且开始用一般测量方法研究爱情，进而得出结论：爱情与喜欢有质的差别。相比喜欢，爱情还包含着更多的认知成分——亲密与依赖的需求、欲帮助对方的倾向，以及排他性与独占性。这个理论就很好地解释了爱情关系中，总会出现的独占欲与依赖情结。

承接鲁宾教授将爱情视为态度的方向，加拿大社会学家约翰·李又将爱情分成了六种形态：情欲之爱、游戏之爱、友谊之爱、依附之爱、现实之爱以及利他之爱。情欲之爱是建立在理想化的外表之下的激情恋爱，而游戏之爱也很容易理解：爱情不过是一场互相追逐的游戏，爱情之于他们是过程而非结果。

"郎骑竹马来，弄床绕青梅"所描绘的青梅竹马之情，指的便是细水长流，稳定长久的友谊之爱；现实之爱是现代社会被讨论最多的一种爱情形态，即追求对方的现实条件，期望以较少的付出获得更多的酬劳的爱情；利他之爱大概是最为高尚的爱情，他们秉持着一种牺牲、奉献的态度，追求爱情且不求对方回报。有了这些划分，原来那些爱情中形形色色的态度就都变得有迹可循了。

事实上，爱情的发生更多的是感性的而非理性的。我们理性地研究爱情，并非要揭开蒙在爱情面前那层浪漫主义面纱，而是想要通过研究人类群体在爱情中的行为，归纳总结出其中的心理学规律，从而更好地控制自己的情绪、行为、心态与欲望。你不懂爱，不是不会爱，而是不知如何去爱。

2. 恋爱坎坷？也许你患上了情感病

我们常常惊讶：明明两个人第一印象并不美好，从此互相看不惯对方，提及彼此一直是嫌弃、厌烦的态度，周围的朋友却在某天突然发现，这两个"冤家"坠入了爱河。我们会疑惑甚至会羡慕，为什么"仇人"都能握手言和，而自己的春天却迟迟不来？

这种情况在心理学上被称为"排斥效应"。这种现象通常发生在感情经历不太丰富的年轻人身上。由互相"嫌弃"开始的关系中，两人总是以挑剔、对立的眼光看待对方，这样的态度反而会增加对对方的关注，更容易发现对方的优点。这样的心理状态下，对方的优点会特别突出，也就更容易由"嫌弃"

转变为"欣赏"了。

看着身边的人沉浸于爱情，精神面貌都不一样了。女生往往变得"小女人"起来，男孩子也会为了心爱的人做各种傻事，周围的朋友多半会感叹"恋爱中的人果然智商为零"。这句话现在也有了心理学上的解释，我们称它为"染色效应"。

那些在恋爱中迷失自我，对另一半唯命是从或者在一段关系中总是患得患失的人，往往存在这种心理现象。因为太过沉溺于爱情，对另一半爱得太深、依赖太重，就会在心里美化对方的形象，把他变得完美无缺，也因此给自己带来了自卑、焦虑的情绪甚至是盲目崇拜的心态。可是这世界上哪里有完美无缺的爱情，完美无缺的情人呢，不过是"情人眼里出西施"的心理暗示而已。

随着网络的飞速发展，海量的信息爆炸式的传播，越来越多的社会现象被放大和讨论。就像出轨行为，对它的批判、辩驳从未停止，以至于人们延伸出许多标签化的印象，类似于"男人都会喜新厌旧"。

若我们带着这样固有的偏见或者担忧去寻找爱情，也必然会影响自己的判断。太过信任他容易受伤，太过怀疑他会让爱情变质，该如何把握心中的尺度，从心理学角度或许更容易理解。心理学家把雄性的见异思迁倾向称为"古烈治效应"，这一效应在任何哺乳动物身上都已被实验证明。

人作为高等动物，不可避免地残留着这种效应的痕迹。我们并非以此为男人的出轨开脱，因为人与动物的最大区别就在于人有良知、有道德。若无法控制自己的行为，人又怎能脱离动物界呢？

我们不要过分怀疑爱人的一切思想动机，明白对方的生理、心理特点，对爱人自信一点，相信他是一个可以控制自己行为，对感情负责的成年人，为爱情保留一点空间。

无论怎样开始一段爱情，又不管在这段爱情中是何种状态，人生最大的幸福，莫过于发现自己爱的人正好也爱着自己，且最终拥有美好的结局。可现实总难尽人意，羡慕旁人的同时，自己却有那么多的"不幸"：因为深爱而畏惧开口，因为害怕失去而放弃开始，因为误会而分开，因为一时的冲动而开始一段错误的缘分，为什么我们的爱情总是那么坎坷？有了前面的例子我们或许能发现，这也许是心理原因在作祟。

若我们正视自己，叩问自己最深层的内心，或许会发现这些爱情中的障碍与无可奈何其实是因为我们患上了情感病。就像大部分恋爱中的行为都有对应的心理效应可以解释，我们爱情中的坎坷也有一定心理上的因素影响：或许是爱得太多，把爱变成了彼此的负担，或许是因为畏惧爱情本身，对自己产生了怀疑，又或许是爱情观出现了偏差。这么多的因素，影响着我们在爱情中的行为与心态，对一段关系的经营产生了动摇，才造成了恋爱坎坷，爱情无果。

3. 重视心理问题，才能大胆去爱

　　有人说，爱是人类的本能，我们不需要学习也能学会爱人。然而生活中却有许多人因为不会正确地表达爱，不会让别人感受爱，而在情感道路上走得十分坎坷。亲爱的，你有没有想过，也许你在"爱"这件事上走错了路呢？

　　几乎没有人愿意承认这一点，也许听到"情感病"这个词汇，他们还会感到手足无措：我怎么会有心理疾病呢？其实，情感病不能算作严格的心理疾病，只不过是我们在"爱"这件事上有一点心理问题而已，但是如果不能正视它，也会给我们的生活带来许多负面影响，徒增波折和烦恼。不过只要能郑重对待、正视并接受自己的小问题，情感病很快就能痊愈，我们也能大胆地做一个能够正常去爱的人。

　　27岁的王小姐感情之路一直很不顺利，虽然她内心很渴望建立一个家庭，但每次和男朋友相处的时候，总是会出现各种各样的问题，随即迎来的便是分手。长期如此，没有一段恋爱能够持续过半年，这让王小姐更加苦恼了。

　　身边的人总是在劝她："别太挑了，这世上哪有完美的人呀！"可王小姐自己却知道，其实她对男朋友的要求并不算高，只要有感觉、好相处，一切都好说。然而，每当感情发展得略有起色，两人的关系越来越近时，王小姐总会产生一种排斥心理，不愿意对方的生活与自己交集太深，不愿意对方涉入自己的生活圈中，因此就会变得"挑三拣四"起来。其实，那都是借口，只不过是王小姐的心在借这种方式告诉自己——该分手了。

　　她越是如此，越难以进入一段正常的感情中，逐渐形成了恶性循环。这让王小姐越来越苦恼，越来越烦躁，甚至产生了恐惧恋爱的心理，生怕再遇到一段无疾而终的感情。就算别人提到关于情感的问题，她也避而不谈。

　　王小姐就是一个不会爱的人，或者说长期较为独立的生活状态，让她一时无法适应真正亲密的恋爱关系。其实，单身久了的人总会有这种感觉，那就是"单身越久，越难恋爱"，这不过是因为我们在面对恋爱关系带来的变动时，内心求稳的欲望会增加，也就会排斥这种变化，更愿意回归到过去习惯的单身模式。如果能够重视这个问题，告诉自己多去适应、克服，跨过这个阶段就没关系了。

王小姐的麻烦在于并没有审视自己的问题，更不愿意去面对感情不顺这个现实。逃避烦恼根本无济于事，只有接受自己在情感上的不足之处，加以改进和适应，才能够正常地大胆去恋爱。如果你也有着和王小姐相似的情感问题，发现自己的感情道路总是不太顺利，千万不要因此对"爱"这件事感到灰心。爱本没有错，只不过我们需要用正确的方式对待，需要给自己一点时间走到正常的恋爱道路上。但同样，要是意识不到自己的小问题，在错误的道路上顽固向前，那就只能越走越偏，离爱越来越远。

正视我们的情感问题，去积极面对和解决才是唯一的办法。

4. 自卑让我们不会爱

小朱的样貌一般，但是眼睛黑亮，水汪汪的，看着很容易叫人心动。有不少的男孩子想要追求她，可是她都拒绝了。小朱觉得自己长得丑，那些男孩子所谓的追求搞不好只是和别人打赌，然后等着看她的笑话。

小朱产生这样畸形的心理是有原因的。原来在她小时候，她的爸爸妈妈经常开玩笑说，小朱长得丑，不是他们家的小孩，看起来好像是从外面抱养的小孩。小朱小时候被其他的小孩欺负，回到家中还会被父母责备，她觉得自己从小就没有被别人喜欢过。所以小朱心里很自卑，觉得自己是一个没人喜欢的可怜虫，从而产生了自卑的情结。

我们从小也被教训，要向谁谁学习，你看谁谁那么优秀，你怎么没有他一分半点的呢？我们的教育要求我们变得更好，要求进步固然没错，但是在童年时期过于强调别人家小孩的优秀，而忽略了自己孩子的优点，往往会造成孩子习惯性地检讨自己身上的缺点，容易看到别人的长处，忽略了自己的长处。

童年时期没有得到充分的关注，或者被同学欺负，与周围的人有过不愉快经历的小孩，在成长的过程中，这些过去的事情没有得到纾解，反而形成了一种无形的伤痛，扎根在他们的内心深处。这些微小的事影响了他们对自己的认知，影响了他们对于外界事物的判断。那些不愉快的经历让他们长大之后产生了自卑的心理。

自卑的心理容易产生自卑的情结。所谓自卑情结指的是一个人对自我价值、能力和成就的负面评估倾向。患有自卑情结的人看自己总是从消极的层面入手，因而时常有自怜自艾、处处不如人的体验。自卑不同于自卑情结，两者的区别在于前者是个人对自己某一方面的否定与信心不足，而后者则是对自己的全盘否定与信心不足。

在生活中，每个人都会嫌弃自己的某一方面：有些人觉得自己容貌不佳、身材不好、学习不够好、工作不理想等等，那都是自卑；但一个人从各方各面都嫌弃自我，甚至连自己在别人心目中出众的方面也都嫌弃，那就是自卑情结了。

因为小朱觉得自己不被人喜欢，所以她自己身上的一些优点完全被自己自卑的心理盖过了。在与别人相处的过程中，她明显地缺乏自信，所以她不敢接受别人的喜欢，对自卑情结的人来说，别人的欣赏就是一种负担。自卑感重的人还会倾向于负面的思考，会将外在发生的一些事件解读成对自己不利的信息。

小朱就觉得别人对她的喜爱，别人对她的认可是一种恶作剧。当你有自卑情结的时候，你甚至会曲解了别人善意的目光，这是一件非常糟糕的事情，所以我们需要从内心了解自己、认识自己、肯定自己。

像小朱这样，爱情的自卑情结表现为个人对自我爱情价值、能力和结果的负面评估，对自己和对对方都有不正确的认识。严重的自卑会使人对爱情的追求只注重过程而不注重结果，只讲自己的付出而不敢企望对方的回报；它使爱情失衡，还使人对爱情产生虚幻的想象而忽略了被爱的满足感，心甘情愿地接受爱情的不平等。

有些人疯狂地相爱了一场，掏心掏肺地为对方付出却只是希望对方说一声"爱我"。最终的落差会使其产生极度的失衡，甚至会做出伤害自己的行为。爱情的自卑情结导致爱情观的自贬和自损，而爱情观的自贬自损又导致对爱情追求和理解的阿Q精神。

面对自卑情结，我们要放下对自己的成见，改变我们的思维习惯。我们要学会包容自己和别人的短处。这世上根本没有完美的人，一个人的特质和特点放对了地方就是优势和长处，放错了地方才是劣势和缺点。

我们要学会多维度思考问题，不要继续陷于过往一成不变的思维方式。我们放下过去那些片面的认识，才能了解真正的自己。学会转变自己的观察方式，把注意力放在自己和别人的长处上，尽可能去做体现自己优势的事情，展现自己优秀的一面。总之，在爱情中不要急于拒绝其他人的好感，不要否定幸福的可能性。即使折翼的鸟儿，也可能遇到属于自己的那朵云。

5. 爱自己才能爱别人

一个人首先要把自己照顾得很好，才有能力去照顾别人，爱别人先要爱自己。一个心理抑郁的人看不到灿烂的阳光，一个不爱自己的人很难爱别人。

据《宋史》记载，章惇与苏东坡两人曾是好友。有一天，章惇和苏东坡一起游玩南山。他们走到了仙游潭，仙游潭下临渊绝壁，壁上有一块很短的横木。章惇一时兴起请东坡到壁上题字作记。苏东坡低头探身望望潭下，烟雾氤氲，深不见底，他马上摇头，连声说："不敢，不敢！"章惇却径直走到潭边，攀着潭边的树吊下绳索，提起衣服就慢慢地爬下去了。

他用毛笔在壁上大书："苏轼、章惇来。"然后再爬树扯着绳索回到潭边，面不改色心不跳，更显飒爽之姿。苏东坡拍拍他的肩膀说："你这气势以后能杀人。"章惇不解地问："你凭什么这么说呢？"苏东坡说："能随便将自己生命置身度外的人，肯定也能杀人。"章惇听了之后哈哈大笑。回来后，苏轼告诫朋友："章惇不可交。"一个人既然连自己的生命都不爱惜，又怎么可能去爱惜别人的生命呢？轻贱生命之人，不可为友。

苏东坡预言："如果章惇有一天得势，他一定不会把别人的生命放在眼里。这样的人心狠手辣，为了达到自己的目的连命都可以不要，还有什么事情做不出来。"朋友们听了，都笑笑摇摇头，说苏东坡这是小题大做，危言耸听，没有一个人相信他的话。三年后，章惇成为一代权臣，杀戮无数，连苏东坡也遭其毒手，被他一贬再贬，贬到了天之涯海之角的海南。

在爱情当中，有很多的女生在爱情中迷失了自我，如果感情失败，最后连继续生活的勇气都没有。为什么呢？这样的人其实莫说爱人，其实是连自己都不爱。她把对方作为自己生活的中心点，一切都围绕其展开。她没有自己的生活，没有朋友，变成了一个不可爱的人。

　　我们只有深深地喜欢自己，爱自己，才能自内而外地散发出一种热情。这种热情是积极生活的动力，会让你全心全意投入自己的世界，处理好自己的工作和生活，拥有自己的事业，拥有自己的朋友。这样，你就是一个有爱的人，有爱的人会将自己变成爱的中心，觉察到"我即是爱"，这样爱别人，就能体察到对方的快乐，尊重对方，带给对方愉悦的幸福。

　　而当你这么想的时候，你的心境会发生变化，不会纠缠于他的一举一动，不会为他的某些行为彷徨失措。爱情依赖症也好，爱情冷漠症也罢，都会随之消失。我们之所以患上这样那样的爱情病，其实最重要的原因是我们没有找到和自己相处的最佳方式，却企图通过在别人身上找到爱、获得爱，来证明自己、挽救自己，结果造成了诸多的心理困境和心理问题。

　　爱自己不是说要委屈自己，把自己变成一个人见人爱的人。而是要从心里接受现在的自己，接受自己的不完美，接受自己可能的未来，然后通过内心或者外在的修炼提高自己。一个爱自己的人必定是尊重自己的，他会体察到自己内心所需，不会因为外界的压力、外界的影响而扭曲自己。

　　爱自己的人对自己坦诚，喜欢美就追求美，喜欢自在就追求自在。爱自己的人会用一种流动的能量，将自己和外界牵连。爱自己的人对自己坦诚，会同样对对方坦诚，能将自己的内心感受进行最直接的沟通和交流，避免了两性交往中的猜忌猜疑，使得美好的爱情能够持续地发展。

爱自己的人会及时反思反省，不逃避不找借口。爱自己的人因为愿意接受自己，所以当他知道自己的局限的时候会想方设法地调整。如果不能调整，那么他会促使自己内心平和地接受，不和自己较劲不和外界的事物较劲，平和的人总是充满力量，能处理好与对方的关系。

在爱情中，我们很容易陷入一种误区：我希望有人疼我爱我，这样我才有价值才有意义。可是，我们想要获得爱情，首先要爱自己。学会爱自己才能更好地爱别人。

6. 我们患上情感病的根源

现代恋情里，分手的理由逐渐不再单纯是经济悬殊、年龄悬殊、异地恋，而越来越多是因为性格不合、价值观不合。据不完全统计，现在的离婚诉讼65%以上是由女性提出，情感不合是主要理由。这其中的原因从本质上而言就是人们的婚恋心理成熟水平不够。

什么才能称为心理成熟？心理成熟往往由无条件的爱及高质量的陪伴滋养而成。心理成熟的个体自恋水平高，有较高的共情沟通能力，能明白别人与自己是不同的独立个体，可依恋可独立，可享受亲密关系也可享受个人自由时光。他们明白每个独立个体都要对自己负责，明白适当的挫折对每个个体来说都是有助于成长的好事。他们有明确的界限，知道哪些事情在自己的处理范围之内，不僭越，也不过分担心自己和他人。

可是现在的情感关系中，真正心理健康成熟的人并不多。这是因为关于感情的处理，父母和学校教育存在着缺失。我们在学校里学习语数外音体美各种知识和技能，可是我们从没有机会在学校里学习如何建立幸福快乐有爱的关系。从小到大，我们的学校根本没有教我们关于这方面的技能。良好的人际关系是社会结构的基石，正确的婚恋态度是社会稳定的基石。可是，传统教育在这方面的教育是空白，很多人对两性情感的感知直到大学或者大学以后才开始。

在家庭教育当中也同样如此。我们小时候都被父母和老师盯着学习，常忽视人际关系。我们的父母总是希望我们少花时间与同伴进行交流，有些严格的父母甚至会阻止我们和同龄人一起合作一起玩，而要求我们把更多精力用于学习。他们认为人际关系的处理能力就像初为人父母一样，生活上遇到了，我们的本能就该知道怎么做了，根本不用教不用学。

然而，情况却变得来越复杂。当我们面临的选择增多，生活品质也在提高，精神层面的东西自然就成为我们考虑的首要问题。我们查根溯源，回过头来反思出现问题的根源，才恍然大悟，原来我们对关系经营一窍不通。我们一头栽进人际关系里，边做边学，犯下一堆错误，屡战屡败后，要么戴上厚厚的面具勉强支撑着，要么对社交关系产生恐惧。

爱是一门学问，治学要长久和勤奋。我们要想理解恋爱这种高级感情，也必须先理解初级感情。初级的感情就是母亲对子女无条件的爱，这种关系无须强大的理解力，大家都能接受。这种初级的情感是一种不需要回报的爱，或者说是一种不需要关系作寄托的博爱。

我们要把这种理解扩大到更广泛的社会关系上去，扩大得越多，人的心胸越宽广。这样我们就成了博爱天下的人。通过爱所有人，给予所有人关爱，来逐渐了解真正的恋爱关系。

只有在实践中，我们才能不断学习如何正常地爱别人。有些人对恋爱持消极的态度，这种情绪不是心理态度上的消极，而是行为举止上的消极。因为他们懒于行动，最终使得情况变得越来越糟糕。很多年轻人都属于这一类，他们知道如何去纠正他们不会爱、怎么去爱的方法。可是他们没有真正地采取行动，因为任何练习做起来都需要耐心和坚忍。他们懒散，没有坚韧的毅力，导致了很多普通的问题变成了棘手的难题。

他们宁愿在原地打转，也不愿意自己在爱里磕磕碰碰。可是没有任何一种能力是不能通过练习获得的。俗话说，不养儿不知父母恩，说的是等到自己亲自养一个小孩的时候才知道真正的父爱母爱是怎么一回事。恋爱也一样啊！虽然学习如何爱别人和如何爱自己的过程，一定不是甜蜜的，但当你熟练掌握爱的能力的时候，你才是最幸福的。

在爱的练习中，我们可以将自己治愈。"爱自己"是一个很好的观点，但是"爱自己"的动力在哪里？就在我们愿意努力，愿意给予世界、给予身边的人一份美好。我们想让自己的爱不生病，首先就要多了解自己爱的能力、练习自己爱的能力，这样才能久病成医，成为自己爱情的推手。

第三章　不是不爱，只是太爱

1. 如果爱情成为负担

李琦恋爱了。她很爱她的男友，这一点大家都可以证明。我们说她就像他的影子，总是和他在一起，形影不离。李琦很自豪地说："我要让他在需要我的时候，随时随地都能找到我。"可能因为是初恋，李琦不懂什么恋爱技巧，拿出一颗真心全心全意地对他好，一切都为他着想，怕他有压力，经常给男朋友做美食，给他洗衣服，收拾屋子。谁都喜欢贤惠的女朋友，李琦的男友对她赞不绝口。可是后来，事情却发展到了反面。男友加班，李琦会很不放心，她开始不停地在加班时间给他打电话。有时候，她一天能打上七、八个电话。后来，同事看到她拨电话就会开玩笑的加上一句："又查岗了！"有一次，李琦因为一个她不认识的电话而对男友追问再三，逼着他解释清楚。

这样的相处方式搞得两人都很疲惫，李琦也觉得自己追问那些没有答案的答案是一件很无趣的事，可是她忍不住要这样做。李琦知道自己真的很爱他，很关心他，也害怕失去他。太多的爱给对方造成了压力，那就会演变为负担。

其实，距离才能产生美，爱也需要有一定的空间和时间。要知道，一个人的生活里住进了另一个人，原本的生活或多或少都会被打乱，在这打乱的空间和时间里，彼此要有适当的距离才能审视清楚其中发生的变化，相互磨合相互改进，让感情进一步深化，让感情持续良好地发展。

只是有时候我们总是找不到适当的距离。距离太近会让人喘不过气，距离太远又觉得彼此遥不可及。最好的爱情不是两个人时时刻刻粘在一起，而是给对方一个适当的空间，让对方在与人相处的过程中自然多一份牵挂和感动。

另外，每个人都会想有某一段安静的独处时间。在这个时间里思考问题、分析问题，找到解决问题的方法，生活是两个人共同面对的，但是有时候我们需要自己解决一些难题，证明自己的能力。这时我们就应该给恋人所需要的空间。

在两个人没有在一起之前，每个人都会有自己的生活圈、朋友圈。当两个人在一起的时候，圈子的融合是需要时间也需要艺术的。哪怕两个人共同生活了多年，我们也没有权利要求对方的生活要全部围绕着爱情。我们给对方一点空间，就会收回一份感激和信任。

在恋爱时，很多人都像是一只刺猬，以此保护自己免遭外界的伤害，而相爱的过程就是刺猬拔掉身上所有的刺相互拥抱的过程。很多相爱的人总是在相爱以后，认识了解之后把身上所有的刺慢慢拔光，磨掉身上的棱角，这样才能更好地相处，更好地拥抱。然而，这些拔刺的痛和棱角的伤，有时候会因为相处空间的变化而变得卑微起来。我们的爱要有度，有张有弛，不能成为一种负担。

如果某一方一味地纠缠，在爱情里，过于强调要成为对方的唯一，想和他一起迎接生活中所有的困难，那么就会带来很多问题。这种想法不能说是错误的，可是我们的生活不是只有爱情，还会有亲情和友情。个人能妥当处理的未必需要两人插手干预，即使在热恋时期，我们仍然有需要自己面对的事情。

爱情并不等于一切，当一个人的生活真的只剩下爱情的时候，他的生活也会变得空空荡荡。

真正幸福的爱情是给对方足够的空间和自由。给对方一份轻松的感情，这样的感情才会是长久的，才会随着时间的推移越来越浓，越来越深。一味地占有只会给对方压力，爱情也随着与日俱增的压力而变质。或许当中也是爱，只是这份爱会变得力不从心，变成两人相互伤害，只剩下了离开的力气。

我们要站在适当的距离守护着爱的人，给自己的爱人宽容，给自己的爱人信任。与其让爱情变得紧张，不如给自己一段能让彼此自由呼吸的爱情，这样大家才能更开心、健康地生活。

如果你真心爱一个人，真心想要经营一段美好的爱情，就要给对方适度的空间和自由，爱他的同时也要爱自己。太在意他，太关注他，反而会让他觉得那是一种无形的压力，爱情于是成了一种负担。我们深爱，表达却要更温婉些，藏着一些留着一些才是最好的爱。

2. 自信的人才能在爱情中游刃有余

明清因为在工作中表现突出，得到了外派的一个机会。当她喜滋滋地和男友分享这个消息的时候，她的男友却不高兴。因为外派到国外工作一年，他们就成了异地恋，而且这异地还不是买张机票就能飞到的地点，想出去看明清还得办签证。明清觉得这倒不是什么问题，现在的联系方式那么多，视频电话也快捷畅通。他们俩一直感情深厚，一年时间在工作中很快就过了，不用担心太多的东西。明清的男朋友却死活不同意，说她要是到国外工作一段时间就会把他甩了，她根本就不是一心一意要和他在一起的人。

明清这下子知道了，自己的男友不愿意自己出国是因为他不够自信，他害怕明清成长之后，开阔眼界之后，就变得有想法、有远见，不再局限于原来的天地，这样可能会带来他们俩情感上的危机。

大多数的人其实都会有这样的想法。他们自信心缺乏，害怕自己心爱的另一半冲破原来的格局，走向更广阔的天地后不再肯躲在自己的羽翼之下。的确，一个生活更丰富的人，见识更多的人才不会有限定的格局。没有自信的男友只想让自己的女友乖乖待在自己的身边，他害怕对方的成长使自己落后，为了大家还处于同一个水平之上，你最好也不要进步。

其实无论谁的进步和成长都能带来两个人的成长。明清的男友也可以通过其他的方式来进步，或者自己的事业上或者自己的专业技术方面取得过人之处，这样的齐头并进比阻止对方成长更有效，而且能使得彼此的感情更加地牢固。

真正爱她的人会尊重她的想法。一个自信的男友会想，我很出色所以我才找到了这么出色的女友，我要在其他方面做得更好，让她无法离开我。俗话说，"珍珠配玛瑙"，一个自信的丈夫就会有一个自信的妻子。和自信的人在一起，我们才能充分地体验到爱的快乐。

　　自信来源于我们的实力、眼界和经验。为什么会把经验排在最后呢？是因为前两者是后者的基础，一般经验多的人，前两者不会差。从小自信的孩子，离不开老师家长的夸赞。我们小时候有一种榜样心理，成绩好的男同学女同学一般都能成为"班花"或者"班草"，其实小孩子的审美一般都很简单，学校中成绩好的同学无形之中就自带光环，这种光环就是自信。大部分的人从本能上都喜爱那些实力强的人，而有实力的人因为某些气场就凌驾于你之上，你抬头仰望，自然就变成了一种欣赏。自信也来源于我们的眼界。对于感情来说，眼界是很重要的。没尝过猪肉也要到过看过猪跑，没谈过恋爱也要听说过、了解过好些恋爱故事。大部分人的初恋，之所以美好，是因为初恋发生在我们眼界尚小的时候。那时候生命中出现了这么一个人，他帮助领悟了情爱的美好，刷新你的感知，开拓你的视野，我们自然而然地会把这种第一次美好的感觉牢牢地记在心里。

　　我们的初恋因为从无经验，所以产生了很多美好的体验。这些经历不是因为对方是谁，而是因为在那些经历中，笨拙又莽撞、无措又着急的自己很美好。

　　但是我们一直停留在原地好不好？当然不可能，人都是不断进步的，所以我们要跟随着自己的步伐不断成长。当我们慢慢长大，有了一次又一次情感经历，可能就无法像喜欢初恋那样喜欢一个人了。这就是因为我们眼界扩大了，慢慢了解情感的缘起发展，对爱情的看法态度改变了。

　　我们开始真正地知道，我们爱的是谁，该怎么爱她，怎么让自己快乐也让对方快乐。我们的眼界需要以实力为基础才能提高，对一个人着迷，很可能是因为原来你觉得配不上这个人，而当你有了实力，自然会遇到更好的人，眼界也逐渐变开阔，格局大了，我们可以展望更多的未来。

　　自信的人能平和地面对爱情中波澜起伏，他们觉得自己有能力，也有魄力解决面临的问题。像明清的男友经常不相信自己的女友，还怀疑自己的魅力，可能还是会和爱情擦肩而过。只有那些自信的、胸襟气度开阔的人，才能赢得真正的爱情。

3. 我不想成为谁的米虫

苏灵和老公结婚的时候，已经在职场打拼了多年，夫妻双方都很积极努力，很快就成为同龄人中的佼佼者。衣食无忧之后，宝宝的到来，让他们的生活一下子更加充实起来。

苏灵的老公做销售，经常出差。苏灵的父母和公婆离他们很远，过来生活后很不适应，同时家里也有需要照顾的人和事。夫妻俩一合计，就决定让苏灵以后当全职太太。辞职之前苏灵在工作上颇有成绩，但是她觉得为了整个家庭，做出这样的牺牲，也是合情合理。苏灵是当时比较早的全职太太，在当时的同龄人中很少见，苏灵的姐妹们都很羡慕她，可以退出人事烦扰的职场，全心全意照顾家庭。

的确，苏灵当全职太太给家庭和孩子的成长提供了很好的帮助。苏灵孩子小的时候经常生病，反复发热，半个月一个月就要去一次医院。医院从挂号开始就要不停地排队，有时候在医院一待就得一天。

不过，另外的问题也接着出现了。苏灵刚辞职时，还能按照工作时的惯性，去健身、喝咖啡、泡书店，但随着全职时间的加长，她越来越找不到自我了，她觉得全职妈妈比上班工作累多了。随着孩子年龄的增长，苏灵觉得自己越来越和社会脱节，像个米虫一样，和自己老公的共同语言也越来越少，夫妻间的矛盾增多。

苏灵提出，自己要重新工作、投入社会。她的老公不同意，觉得妻子安安心心照顾家庭，就是对家庭的最大贡献了，费什么劲儿呢？

生活中，全职太太从职场转型，将家务家事变成了一份工作，大多数原因是为了孩子。她们早上五点半起床，准备一家三口的早餐，开车送孩子上学；八点半左右回到家，做家务、去超市、准备自己的中餐；午饭后补个觉，下午一点开始上网，给孩子找学习资料，然后就得出发接孩子放学了；下午四点半开始准备一家三口的晚餐；晚饭后监督孩子做作业、陪玩……

这就是常见的全职太太作息时间表，主题只有一个——"陪伴孩子健康成长"。现在的家庭，越来越重视孩子的教育，只要经济收入等条件允许，母亲"全职"的几率就高。而这几年，全职妈妈的人数成倍地增加。

除了苏灵这种有钱有闲、全职纯属"锦上添花"的家庭，更多的全职妈妈离开职场是迫于无奈。她们想留在职场，可是没有富余的钱请保姆，只能自己带孩子和照顾老人。母爱和家庭责任面前，女性即使有再出色的工作能力、再光明的职业前景，都得黯然让步。全职妈妈回归家庭，看似是当代女性的一种自由选择，而背后却隐藏着深深的无奈。

因为对家庭、对孩子的爱，全职妈妈成了"米虫"，结果给自己带来了很多的困扰。困扰之一首先是在家中地位下降。像苏灵，她的婆婆是不满意她的辞职的。在她那代人看来，谁不是一边上班一边拉扯大孩子？她觉得苏灵太娇气，把养家的重担都压在了她儿子肩上。苏灵的老公也觉得她"闲"在家里，家务活、照顾女儿全部就该由她承担，这些事情并不难。

苏灵也经常为这事争吵，家是共同的，两人只是分工不同。甚至孩子也明显意识到爸爸和妈妈的不同地位，有一回苏灵批评孩子，结果孩子说："你除了做家务，什么都不会，有什么资格说我？"

困扰之二是与丈夫缺乏共同话题，导致家庭不和。全职妈妈一个人在家虽然可以有很多事做，但可以交流的圈子毕竟很小了。她们如果没有一颗学习的心，就很难跟上丈夫的节奏，夫妻间慢慢变得无话可说。

全职妈妈们最大的忧虑还是与社会脱节。当初是为了孩子辞职，可是孩子长大了可以上学了，全职妈妈们却很难找到工作。全职妈妈们既承担家务，还要承担被社会或者另一半抛弃的风险。她们心中充满了忧虑和恐慌。另外，全职妈妈的社会保险、医疗保险要自己缴纳，得到的却很有限，因此她们的不安全感会更加地强烈。

很多女性当初选择当"全职妈妈"是基于对家庭、对丈夫的信任。而实际上，这种信任的基石相当脆弱。为了和社会保持同步，一些全职妈妈选择开网店或者服装店，不一定挣多少钱，但是可以做一点事情，和外界有点接触。

　　在我国经济发达地区，有调查研究表明，全职家庭主妇已成为新的自杀高危人群。因为全职家庭主妇的大部分时间都是在家里度过，没有与社会沟通，很容易产生抑郁等状况，情况严重者就可能走上自杀之路。如果全职家庭主妇和自己的丈夫关系出现问题，内心的抑郁情绪越积越深，更容易产生自杀倾向。

　　其实，选择当全职妈妈的女性是出于自己的责任，而不是某种迫不得已的妥协。因为爱到最后成了伤害，这是令人遗憾的事情。因此，全职妈妈在为家庭付出的同时，也不能失去了自己，建议妈妈们在小孩两岁后走出家门，重新投入到社会工作中去。自己尊重自己、善待自己，为自己的明天负责。

4. 为了爱失去了自己

　　江楠很爱她的男友，她对男友很好，而条件出色的男友当初之所以会选择江楠，也是被她的善良和执着所感动。可是从两个人一开始交往，男友就对她设定了很多标准，要求她成为自己的女友之后要努力地一一达成。

　　刚开始，男友嫌她不会讲英文，要她去学习。江楠对男友言听计从，真的报了一个英语班，跟着一群要出国的孩子们苦读；接着，男友又嫌她身材不够好，江楠就花了大笔钱，推脂、油压、塑身，参加减肥课程，注意营养食疗，从来不敢吃多一星半点；后来，男友又开始挑剔她只有大专学历，要她自学参加大学自考。江楠善于和人打交道，可是天知道她是多么讨厌读书，之前的学英语已经把她的心力全都耗费掉了。

现在，她越来越符合男友的标准，拥有了大学学历，说着还算流利的英文，拥有傲人的身材，穿着时尚的名牌，成了男友心目中"出得厅堂"的女伴。可是江楠却说，如果有人当面夸奖她美丽、气质优雅、打扮入时，可是她总隐隐觉得不安不舒服。这些年来，别人看到她从麻雀变成凤凰，由内而外发生了很多的变化，可是只有她自己知道，她并没有变得更加自信，因为她被动地接受被安排的一切，她的耐心和信心反而在这一次次的努力中被打压得支离破碎。

为了保有这份爱情，江楠费尽心思，耗尽了心力，生活在男友给她画好的世界中，完全失去了自我。为了爱，失去了自己，没有了自己，可能总有一天会连这份爱也保不住。

果不其然，在江楠心力憔悴地应付这看似美好的生活的时候，她的男友移情别恋了。他认识了一个完全符合他心目中期望的女孩，那个女孩现在拥有的条件和他想要的一模一样，根本不需要进行任何的改变或者努力，而且女孩活得很精彩很洒脱。男友无视江楠的多年来为他所做的一切，要坚持和江楠分手。

分手之前，男友对她说："你是被我塑造的，再怎么你都应该感谢我，感谢我对提出的要求让你成了不一样的人物。如果不是因为我，你大概还是从前那个不起眼的女人，哪里会有现在这么好的条件呢？"

江楠听了这番言论竟然无言以对。他是对的，如果不是为了他，她不会有这么大的改变，也不会变成今天这个模样。江楠觉得自己心里在淌血，因为她的改变只是为了迎合他，她的内心根本不喜欢自己的改变，从头到脚，她都没有喜欢过。她觉得，自己的男友从来没有喜欢过自己、接受自己，他只是喜欢拥有这样条件的女人。

我们和一个人相恋，除了获得对方的爱，更珍贵的应该是获得认可。这种认可不是依附外在的条件，而是内心的独特品质。而江楠虽然有了这样那样的改变，可是她并没有提升自我的价值感，反而失去了自己，变得无可依存，这是更可怕的事情。

我们爱上一个人，却因此失去了自己，到头来就连原来的这份爱也会一并失去。

任何一个人都有自己独特的魅力和独特的价值，除了自己，别人无从增加、也无从剥夺你的价值。我们可以经由美貌、财富、爱情、成就、才智或任何外在行为表现来提升自己的价值感，但是这些都必须要自己内心安之若素地接受，让它们成为自己价值的一部分，让它们变成你自信的一部分。因为我们只能借由自信心来获取尊严。

为了在两性关系中更加自在，更加快乐，我们要改变那种牺牲和付出的心理，我们可以做到：

1.你必须爱原来的自己。无论我们原来存在什么缺陷或者什么特长，那些都是我们自己的特点。你都必须爱原来的自己，接受最本真的自己，只有这样，你才有自立、自尊的根本。

2.不要因为爱而失去自己。如果一个人内心不接受你，不尊重最真实的你，那么他永远不会真正爱你。爱就是欣赏，一个人如果不懂得欣赏你原有的特质，只是一味地要求你为他而上进改变，那么他其实不是真正的爱你。请离开那些只会对你提要求，却不能接受你的人。

3.自爱自尊，才会为你赢得真正的爱与尊重。这是两性关系中最重要的事。

5. 如果生病能换取更多的爱

小秋身体状况一直差强人意，大约两年前查出患上了子宫癌，医生建议做切除手术。小秋一开始并不同意，觉得自己没什么大事，药物治疗一段时间能够康复。大家都劝她，孩子已经长大，老公事业有成，没什么要担心的，应该听医生的指导意见。经过一段时间的挣扎，小秋同意了大家的意见。

手术过后，小秋身体慢慢康复，只是她的情绪发生了异常。因为手术过后，小秋没有上班，只在家中静养，老公要忙事业，孩子要忙学业，只剩下她对着空荡荡的房子。小秋觉得自己很可怜，终日落泪，她觉得自己都生病了，可是自己的老公和孩子没有关心她，没有无微不至地照顾她。她经常抱怨：

"你们这样子对待我，我不如死了算了。你们是不是觉得我拖累了你们？我死了，你们也活得痛快。"

小秋的态度让自己的丈夫和孩子也很受委屈，他们在家的时间不多，都希望开开心心的，可是一回到家就遇到了炸药包。于是小秋的丈夫愈发晚归，小秋的抱怨就更多了："你们都说忙，我看是无事忙吧？我没生病的时候把一家人照顾得妥妥帖帖，现在我生病了却连个关心的人都没有。你们都躲着我，甚至和我聊一聊说几句话都不愿意。难道病人就该被你们抛弃吗？"人都是有情绪的，这个可以理解，但是总是向别人索要关心索要关爱，也让人觉得很无奈。

病人一般心理都会比较脆弱，都希望自己的亲人能够关心自己、照顾自己。病人觉得自己理应获得差别待遇：生病的时候，我们可以躺在床上发号施令，我们可以逃避不愿意面对的人和事，而与此同时，我们的亲友必须对我们照顾有加。

生病成了一个出口，一个让我们可以向别人讨爱的出口。是不是生病的人都会有这样的经历呢？当然不是。像小秋，因为她健康的时候，一直压抑着自己的情绪，无私地为家庭付出，从没有对别人提过自己的需要和诉求，她一直以积极正面的姿态示人，很少示弱，也很少对大家说她内心真实的想法。

小秋一直没有通过正常的倾诉将自己内心的苦楚排解，而情绪的发泄虽然也有帮助，但是同时也将自己的亲人推向了反面。痛苦的能量不能持续地憋在心里面，没有释放的负能量会让我们的内心生病，我们原有的爱也跟着生病。有时候，我们的身体能感知到我们真正的需要，借由"不舒服"的理由扮演了一个桥梁的角色，让大家看到自己的身心缺爱并需要修正治疗的真相。

生病的人让周围的人关注、照顾，同时也在调整和他们的关系。我们将自己的弱点在生病的时候暴露出来，将内在的弱点表达出来，这样得到大家的体察和改善。我生病了，我该怎么办呢？她生病了，我该怎么办呢？

小秋很想得到自己丈夫和孩子的关爱，于是借由生病的途径发泄了出来。即使后来自己的身体已经康复，她仍然不自觉地将自己看成一个病人，希望家人同样给予她更多的关爱。可是家人适应了小秋的情况，开始了正常的生活，没有顾及小秋的孤寂，让她陷入了自怜自艾的困境，认为自己很可怜，变成了一个受害者。

有时候，病只是自己索要爱的一个借口。这种病是心病。我们获得爱的途径有很多，通过自爱爱人，但是我们需要正面坦诚地表达，不需要藏着掖着自己的想法，通过情绪的发泄去获得。

6.爱他就要接纳他

张倩的老公是家中的独子，是父母的心肝宝贝，从小被照顾着长大。他的妈妈经常打电话给张倩交代这交代那，或者打电话给张倩的老公叮嘱诸多事宜，好像他还是从前的小孩子，还不会照顾自己。

张倩的老公收入不多，却喜欢花钱，生活上的高品质其实都是父母和张倩在支持。结婚多年，张倩把荷包看得紧紧的，就怕生活中有什么不时之需。

可是天总有不测之风云，今年张倩的老公患上了"富贵病"——抑郁症。在吃了医生开的药之后，病情得到了控制，人的情绪也有了很大的改善。可是，最近他却不肯吃药，因为他去参加了一个抑郁症的治疗课程后，开始接受按摩治疗。他只实验了两次，就觉得自己精神爽利，心情愉悦，于是要求每个星期都去接受两次按摩治疗。

张倩很生气，医生开的处方药价格也不便宜，吃了之后效果显著，他却不坚持吃，偏偏找一些没有根据的治疗方法，每一星期按摩两次要价一两千。张倩不同意，后来还去实地调查发现，这个按摩治疗不是一般的音乐温泉SPA，里面有美丽的心理咨询师，陪着聊天，谈天说地说人生，整个疗程保守估计要花费两三万。

张倩觉得自己的丈夫其实就是冲着那些漂亮的姑娘去的，他就是想借着按摩治疗的名义和那些美丽的咨询师发生一些故事。张倩的丈夫一向对她言听计从，生活中的大小事务全凭她做主。张倩没有直接发火，她迂回地给他提建议，说："现在的同质竞争不少，我们找一家价格能够接受的按摩治疗店。"她的丈夫没有坚持，同意她的做法："你想换就换，只要是按摩治疗就行了。我现在的状况比以前好多了，这个按摩治疗肯定是有效的。"

张倩本来想诈一诈丈夫，查出其中的猫腻，结果他态度很坦诚，好像真的只是冲着良好的治疗效果去的。张倩不知道是否要相信自己的老公，如果继续这样的疗程又害怕他和那些年轻漂亮的姑娘生出事端来。

按摩治疗是否对治疗抑郁症有效，可能真得因人而异。事情变得复杂难以解决，不过是因为这样的治疗比传统花销多，会有一定的经济负担，同时治疗过程中张倩担心自己的丈夫会变心。

作为相处多年的伴侣，张倩仍然很不放心自己的丈夫；做丈夫的凡事听从自己的爱人，不敢有意见，这样的婚姻算得上是和谐的吗？

其实，这样的婚姻状况在我们生活中普遍存在。很多人的婚姻关系是大姐和小弟的关系，这种"大姐和小弟"可不是指年龄，而是指他们的性格。男方通常是从小被父母过度照顾长大的"成人小孩"，他们在自己的情爱生活中也倾向于找一个能照顾自己的伴侣。

那种大姐型性格的女性，通常本来就具有成熟的个性、独立的性格，后来因为婚恋关系的不对等，她们更是被迫强大起来，成为独当一面的女强人。一个坚强独立的女生遇到一个性格软弱的"暖男"，他们彼此吸引彼此相依，还认为是天作之合。

因为大姐性格的女生觉得这个男生实在贴心，尊重我的感受，顺从我的意见，不管发生什么事情总是让我拿主意，是一个真爱我的伴侣；而男生当然也觉得能找到这样的老婆实在是三生有幸，因为凡事有人操心，有人包办，两人的婚恋生活就像从一个家回到另一个家，不用操心任何的事情。

结婚后，我们才知道生活原没有那么简单。女生成了男生的保姆，男生家里家外置身度外，连买棵葱都没有主意。而女生发现，男生实在就是"妈宝男"，让他做一件事情，如果没有交代清楚，他绝对会把事情做走样。大多数的情况是，男生窝在沙发里玩手机看电视，而女生忙里忙外。

女生抱怨："这个男人太懒也太笨了，什么都不会！我眼瞎了，当初找这样一个没担当的人回来！"男生也很郁闷，"本来一个青春美少女，娶回家来就变成了一个老太太，整天训人唠唠叨叨，烦死人了！"

这两个人相爱相知后来结婚，可是这样的相处模式又可能导致这份爱越来越沉重，变成了生活的枷锁。我们除了抱怨，更需要彼此接纳，正视两人的相处模式。坐下来，坦诚沟通目前的问题和困境，找出切实可行的改进措施。

女人要学会放手学会信任，男人要学会自己做决断，学会承担责任。我们生命的意义就在于不断地体验不断地创造，这样才使得生命充满了华彩。我们的两性关系也在不断地变化和发展，在长期的互动中，要学习要了解要改进。在彼此的情绪和复杂的摩擦中，看到自己的问题，也发现对方的不足，努力修补修正我们的关系，进而促进彼此成长。

即使我们会经历失败，但是在探索的过程中，这些遭遇的困境或者痛苦背后都带着积极的意义，帮助我们完成情爱关系的必修课。

第四章　你的内心，恐惧爱吗

1. 爱情真的是自由的坟墓吗

蔡晓和她的男友小杰相恋了，两人如胶似漆，生活过得比蜜还甜。可甜日子过多了，小杰就有意见了。因为蔡晓，小杰已经好久没有和他的铁哥们一起在大马路牙子上吃烤串喝啤酒了；因为蔡晓，小杰已经很久不能熬夜通宵玩英雄联盟了；因为蔡晓，小杰也已经慢慢地控制了自己的烟瘾，有时候他刚把手摸到裤子口袋里，就被蔡晓一个白眼翻过来，打掉他的手。

有时候，小杰憋不住就会偷偷跑到阳台上抽几口，一开始蔡晓倒是什么都没说。后来，蔡晓连他去阳台的时候都盯得死死的。小杰觉得难受的是，有时候他上厕所，蔡晓也会在他的身边转悠，就像一条小狗一样在他身上闻味道。

小杰以前很喜欢吃槟榔，可是蔡晓说那东西会致癌，不允许他再吃；小杰以前也很喜欢吃红烧肉，他妈妈烧了一手好菜，红烧肉肥而不腻味美芳香，可是蔡晓觉得这东西让人发胖，导致高血脂，也不让小杰吃。小杰的作息时间由蔡晓严格控制着，小杰的交友活动也被蔡晓操控，小杰的饮食习惯也为蔡晓做了改变。小杰觉得自己因为爱情失去了自由。难道我们的爱情真的就像那句老话说的那样——爱情就是自由的坟墓？

从小杰的案例来看，似乎真实的情况的确会如此。可是，这不过是两人生活磨合冲突、冲突磨合的必然阶段：我们来自不同的原生家庭，带着各自的习惯，走在一起不能仅仅依靠爱情的冲动来维系，更多是自我个性的磨合，生活习惯的调整。在这过程当中，可能就会发生小杰这样的情况，觉得自己方方面面都受到了限制和约束。

可是他没想到蔡晓同样也为了他在生活习惯上做了让步：蔡晓陪着小杰的时候，肯定就失去了和自己闺蜜聚会的机会；蔡晓在兼顾小杰饮食的时候，肯定也放弃了自己爱吃的美食。

相互的约束和限制其实都是各自让步、调整寻找两人最佳相处模式的过程。不能光看到其中让人不自由和不自在的因素，同样也要看到度过这个调整期之后的美好。相爱的两人总是希望能一起携手度过幸福的时光，而在时光中的这些冲突和牺牲就是最具有记忆因素的部分。

有一部电影叫作《恋爱前规则》。剧中的男孩一直信奉的一句话是"恋爱是自由的枷锁，婚姻是爱情的坟墓"。在生活中，为了自己的自由，他宁愿充当一个无恋爱主义者角色。

一直以来，他觉得这样会生活也很好，逍遥自在，舒服愉快，能够一心追求着自己的动漫创作。可是在后来的创作中，他的作品每次都无法达到自己想要表达的效果，老板想要的预期效果。自己都不满意的作品怎么会使其他人满意呢？

作为一个创作者，男孩没有情感经历，这让他对生活感触不够细腻深刻，他也逐渐失去了信心和灵感。我们没有对感情纤细入微的体察，没有充沛的情感体验，是不可能把作品中蕴含的感情表达淋漓尽致的。

后来，男孩遇到了一个"天使"，也就是剧中的女主角——空姐。虽然两个人一开始认识的时候是有目的的相遇，但是他们性情相投使这种相遇变为必然。他们共同生活在一起，虽然生活中有很多的不习惯和很多的摩擦，彼此间的行为习惯和生活习惯都受到了彼此的影响，因为彼此的爱和惺惺相惜，女人还是打开了男人的心扉。

两个人间流动的爱，也给了男人创作的灵感，让他创作出优秀的作品，事业上达到了新的高峰。恋人们之间的爱不仅仅是枷锁，更有可能是你前进的动力和源泉。

爱情是自由的坟墓，这样的理解是多么的狭隘和偏颇。莫说我们的生活中没有绝对的自由，我们的爱情其实就是因为有彼此的约束和限制，才不至于成为脱缰的野马，冲进不可控的情感海洋中，找不到归依。

如果两个人真心相爱，那就肯定会找到和谐共处的好办法，会在限制和限定的生活中找到彼此的平衡。在两个人相处之初一定要有耐心，不要夸大对方对自己生活中提出这种那种要求带来的情绪化，可以提出合理的意见，让彼此达成统一。

相爱的两个人，也不要用爱来胁迫对方做一些不愿意做的事情。内心要平和安定，不要带着情绪和对方较劲，让对方了解自己所能做的让步。有这样的相处模式和相处的心态，爱情也能够带着自由一起在情感的天地里飞翔。

2. 结婚是一种束缚：婚姻恐惧症

　　晨晨和男朋友相处一年半了，有时候晨晨会因为一些小事和男友闹闹情绪，男友一直表现得谦让宽容。两个月前，晨晨因为男友有几次回复信息晚了，就闹情绪几个小时没有理他。男友也生气了，说要分开一段时间，让晨晨冷静一下，想清楚怎么处理自己的负面情绪。

　　晨晨和男友冷战了一个星期后，受不了了，主动去找男友。她的男友说，晨晨太骄傲了，可能结婚后相处不好会离婚，他觉得还是不要耽误晨晨，两人分手算了。晨晨完全蒙了，她知道有时候没有管理好自己的负面情绪，并且可能会给彼此的感情带来一定的影响，可是，恋人之间的小打小闹不是很正常的吗？这其实也是促进彼此了解，引导两人良好互动的一种方式。

晨晨决定再给彼此一段时间冷静思考一下，于是过了一个星期，晨晨认真地检讨了自己存在的问题，也说清楚了两人以后应该面对的情况。晨晨不愿意分手，哭得很伤心。结果，男友也哭了。他说，这可能是婚前恐惧症，他需要时间和空间考虑清楚。

晨晨万般无奈，也只好尊重男友的决定。半个月之后，男友买了晨晨最喜欢看的某演员的相声表演节目秀当作礼物送给她。他们俩人一起观看了表演，笑得很开心。晨晨问他事情考虑清楚了吗？男友告诉她，他其实很喜欢她，如果重新再找，估计不会找到这么喜欢的女孩了。希望俩人能继续磨合，等待感情增进后再做决定。

近年来，在爱情心理学方面的研究取得了很多成果，产生了很多的理论，它们从不同的角度、各个层面解释了爱情，而其中一种就说明了爱情要修成正果必须要经历不同的阶段。一段成熟美满的爱情需要经历的四个阶段是：甜蜜期——矛盾潜伏期——矛盾突发期——稳定期。这其中的每一个阶段都很不容易。因为爱情不是单人独舞那么轻松容易，而更像两人操着舞步蹚着水而行的合作。

当我们的爱情进入了稳定期，自然地就会想步入婚姻，共建家庭繁衍后代。可是，即使在这稳定期中，我们仍心存忧虑，有些忧虑严重的人就产生了婚姻恐惧。

婚姻恐惧症，更确切可以称为结婚恐惧症，指的是即将结婚的恋人中的某一方或者双方对未来的婚姻生活感到彷徨、疑惑，甚至是焦虑。但是通常来说，我们很难说出具体的原因，只是一想到结婚就会慌乱烦闷。

那么，有结婚恐惧症的人到底怕的是什么呢？

事实上，最让人愁苦的是婚姻有一种仪式性的象征寓意，那就是建立了稳定的亲密关系。心理学家霍尼称婚姻恐惧者具有"脱离人群"的人格特征。这些人小时候一般生活在冷漠的家庭环境中，家庭成员之间感情交流少。他们对隐私和孤独有强烈的需要，害怕与别人亲密相处，那样会破坏自己独立时的自由，自己也将失去隐私。

心理学家霍尼还提出了三大人格特征之一的"接近人群"特征。具有这样人格特征的人本质上喜欢亲密关系，爱和情都是他们追求的目标，只要听到一句"我爱你"，估计他们可以放弃所有名誉地位金钱。

但是当一段关系进入平稳期，平静下来，他们就会选择分手，然后寻找下一个能给他"亲密"的爱人。婚姻对于他们来说是一种束缚，平静的爱对于他们来说就是爱的死亡。

除了以上人格特征的分析，我们害怕婚姻还可能因为父母的影响，害怕失去爱。父母的婚姻失败往往给孩子的婚姻观造成影响。如果我们小时候经常目睹父母吵架，我们长大了就会产生对与异性在一起生活的恐惧。更严重的情况是，孩子完全与异性隔绝，因为除了吵架，他们没有从父母那里学会其他的与异性交往方式。另一种更致命的伤害是家庭暴力，女孩子会因为父亲的家庭暴力而选择远离男性。

有些人害怕婚姻，是为了逃避责任和承诺。著名心理学家弗洛姆也曾提到，我们不敢对自己承担起责任。一个不想承担责任的人，会希望通过婚姻来帮助自己承担生活的重任，让自己的爱人做决定，从而逃避责任。

一开始他们会期望婚姻的到来，但是随着婚姻的开始和继续，激情越来越少，责任和亲情越来越多。害怕承担责任的人逐渐发现，自己并不能因为结婚而逃避责任，反而还要承担更多无法承受的义务，因此感到害怕。

还有一些女性，她们在性生活中没有任何感觉，她们会把性生活当成是对丈夫的满足，自己仅仅是一个发泄的工具。面对这样的情况，女人就容易对婚姻生活产生恐惧。而如果男方有性功能的障碍，也会使他怀疑自己在婚后是否能够满足自己的妻子，这样的男性对结婚也是充满恐惧的。

知道这些恐惧的原因，我们可以进行有效的心理疏导，学会承担责任，学会放下恐惧。其实，婚姻实质上是一种契约关系，它保障的并不是情感，而是亲子确定性和后代遗传、抚养权。我们为什么要婚姻呢？因为我们向往永恒的爱情，希望我们的爱情天长地久，所以我们会对于婚姻抱期望，婚姻被赋予了特定的意义，成为获得某种安全感的一种仪式。

3. 肯定自己，就会欣赏别人

　　春浅从小被自己的妈妈灌输了这样的理念：要努力成为最好的、最出色的人。春浅很懂事，也依照父母的要求长大成人，但是同时也产生了事事要求完美的焦虑。后来，她谈恋爱结婚生孩子，因为照顾家人、照顾孩子事情很烦琐，她总觉得自己没做好，会因为没让自己的孩子天天吃到可口的饭菜而愧疚，会因为没有给丈夫分担工作中的困难而羞愧。

　　春浅将一大部分精力投入家庭，她又觉得自己工作上没有像以前一样做出骄人的业绩而对不起自己的老板。可是不管家庭还是工作，春浅都没有听到来自另一半的赞美，哪怕是短短的一句安慰"你辛苦了！"与此同时，春浅慢慢对周围的人也厌恶起来，觉得自己的付出是无益的，周围的人都是只会索求而不会付出的讨厌鬼。她认为自己生活在深潭里，没有光亮的未来。

春浅的焦虑和忧愁是因为她在付出的过程中没有得到家人的鼓励和支持。每个人都愿意为自己所爱的人付出，她所做的努力所付出的心血都是心甘情愿的，但并不代表付出爱的人就不需要鼓励和支持。一直以来，春浅都任劳任怨为大家服务，一开始丈夫觉得自己的老婆很能干、好贤惠，孩子也同样觉得自己的母亲很贴心很周到，可是慢慢他们就习以为常，甚至熟视无睹。

努力工作和让家人过上舒适的生活都是一种极大的成就，需要得到鼓励。因为我们天生就渴望得到肯定和赞美，做任何一件事情都渴望它具有意义。但是春浅因为自己的完美主义作祟，没有肯定自己，家人后来就干脆忽视了这件事情。

想象一下，当你费尽心思给全家人做出美味的佳肴，希望大家都吃得开心高兴满意，可是如果大家都没有表示，甚至还对食物做出批评，做饭的人肯定很伤心。春浅渴望完美就是渴望肯定，但又不相信自己值得赞美，所以她平时也没有开口夸赞别人。

每个人都要学会肯定自己、赞美自己。因为好的感觉会吸引好的事物，心中怀着正确的想法当然也能为自己创造美好的生活。春浅要对自己所付出的努力给予百分之一百的肯定，每天对着镜子说"我是最棒的妈妈，最优秀的妻子"之类的话，不仅是鼓励也是激励。自我评价的提升可以转化成内在的无形价值，给人带来正面的、积极的效应。

夫妻间很多的问题就在于没有相互欣赏，如果再加上自我的否定和排斥，那么心中的郁结就会加重。春浅的完美主义就是因为不能接纳自己的不完美。只要我们完全地接纳自己，欣赏自己，认同自己，就会发现自己有很多与众不同的地方，心中不再忐忑不安，不再觉得自己失败又失意。

只有当我们完全无条件地肯定自己、喜欢自己、认同自己，才有办法欣赏别人。当我们夸赞别人的同时，别人反过来也会观察我们的优点，赞美我们、欣赏我们、认同我们。这样，爱的关系就能流动起来。

春浅如果能让自己的嘴巴甜一点，家人更会感激她的付出，认可她的付出，春浅的自我认同感也会提升。那么她就不会再在一些小事情上纠结，放大一些不存在的缺点，使得简单的问题变得复杂化。

　　其实，不仅在两性关系中，在任何人的交往方面都是如此。如果我们肯定自己、接纳自己，我们就会有接纳别人的可能。多夸赞别人，我们可以发现世界变得比从前和善，那些矛盾都是假象，那些假想的竞争者也不存在。

　　肯定自己、欣赏别人，在自我认同的过程中获得他人的认同。我们内心的不安，内心的慌乱等负面的情绪也会消失，从而使爱的关系顺畅，爱意能得到流畅的表达。

4. 爱情是需要练习的对唱

有人曾经做过一个很妙的比喻，他说："婚姻是张音乐专辑，有的一炮而红，然后消失无踪；有的每年出一张，但从未大卖。"这样的比喻非常贴切，因为我们的爱情其实就是一曲对唱，我们是否琴瑟和谐就要看平时相处时的合拍程度，对唱的音韵节奏是否能够踩到节拍上——两人在相处时对事物的理解和态度是否有共同节奏。

无论如何，两人的弹奏或者唱和都要多加练习。这样练习不仅仅是指你和某个人的练习，也有可能是和多个人的练习。因为我们总要在实际经验中多试几次才能知道如何和别人对唱，如何和别人弹奏。

　　具有多一些谈恋爱的经验，这其实并不是一件坏事。当你年方十八，对爱情充满了激情，那么你可能喜欢一个爱冒险有活力的年轻人；当你进入社会，可能会喜欢那些充满责任感，为事业打拼忙碌的实干型年轻人。我们要认定一个终身和我们对唱的对象，也需要不断地在练习中寻找。

　　就好比你去买衣服。二十岁时，你看到一件艳光四射的旗袍：哇，这旗袍真好看！我想买！但是如果说让你下定决心这一辈子就只穿这件旗袍，你会觉得这很荒谬、很可笑，而且很冒险。两个人的爱情生活对于个人而言远比旗袍更重要，而且也更麻烦。

　　我们需要管理好自己的内心和情绪、对方的内心和情绪；我们要考虑自己的人际关系，上一代、下一代、双方亲戚朋友的人际关系；我们还要想到生活开销、生活质量等问题。所以我们必须在之前，多一些经历，多一些练习。

　　练习和经历不是试验，也不是挑选，而是要多一些体会。爱情，需要练习。这个过程从大声说出"我爱你"，到发现这三个字无比贵重，需要勇气和力量才能真正地诉诸口。这个过程从认识、喜爱，到真的理解懂得，愿意踏实地陪在爱人身边不动摇，就需要练习。从爱哭、爱闹，只考虑自己，到更多地去倾听理解对方，让自己也变得豁达爽朗。

爱情，需要练习。我们可能从很少表露温柔、不善言辞，变成一个愿意随时给拥抱，睡觉时都要轻轻地握住对方的手的人。

爱情，需要练习。从反复争吵后的低落、疑惑，到彼此真诚的沟通。在这个过程中，我们可以了解自己，明白自己到底想要什么，同时也积累相处的经验。学会相处，是至关重要的。

爱情的练习也可理解成爱情的经营。爱情是两个人的事，但就像一份事业，需要我们用心管理自己的情绪，约束自己的行为，投入热情和努力才可以熟能生巧。只有当我们足够成熟和理性，才会知道婚姻要成功，要幸福，需要有多大的运气。而多一些恋爱的经验，多一些爱的练习是可以提高这个几率的。我们可以从哪些地方着手进行练习呢？

第一，爱情的练习要有谋划。不能够只强调感性，我们要有合理的构思，加强双方的沟通，并且及时为对方的生活增添情趣，这样的爱情才会胜券在握。我们要想让爱情之花长开不败，就要知道怎样呵护我们的爱情，确保爱情之花有充足的阳光和水分。

这样的练习是双方的、是互动的。小树要砍，爱情要管，什么东西都不能放任自流。同时我们需要认真做好保鲜工作，使爱情之果更加美味可口。

第二、爱情的经营要做到有备无患，"预则立，不预则废"。我们的爱情不是一劳永逸的，它会遇到来自各方面的侵袭或破坏，事先要有充分的思想准备，这样就可以避免或减少损失。因为一切事情都是不以人的意志为转移的。只有善于经营爱情的人，才能够把握住对方的情感，取得事半功倍的效果。

第三、爱情的练习和经营也要讲究科学。现在是信息爆炸的时代，科技飞速发展，经营爱情的科技含量也是越来越高。爱情已经逐渐成为一门"高科技"的经营内容，这不仅是爱的科学，更有情的科学。因此对经营爱情这样一门高深的学问，不仅要靠高情商，更要依赖高智商，同时必须活到老，学到老。

5. 情绪压抑会带来心理的恐惧

　　雪莉和男友谈恋爱一年，最初他们的爱情很甜蜜，可是最近，雪莉发现每次和男友沟通一些事情的时候总会吵架，有时候甚至为了买什么种类的酱油都会产生分歧大吵一次。两个人谁也不让着谁，吵架的时候面目狰狞。虽然事后，他们很快就和好了，但是吵过的架，说过的难听的话，两人其实已经记在心里了。

　　雪莉不喜欢用吵架的方式进行沟通，于是两个人在一起的时候，她往往就顺着男友的意愿，避免冲突的发生。有时候让并不代表着一定能够相处和谐，男友觉得她什么都没意见，对她反而更看不顺眼，时不时找雪莉的毛病，非逼着她吵架。

雪莉因为其他的事情压抑了自己的情绪，本来就很不舒服，面对男友无理的指责更害怕失去他，失去这段关系，于是她越发紧张，情绪越发低沉。后来，她的闺蜜觉得雪莉的行为不对劲，要求她看看心理医生，这才发现雪莉得了抑郁症。

情绪经常会控制我们的行为，虽然理智上我们知道应该怎么做，但是要让自己的情绪安定下来，不去做一些冲动的事情并不容易。为了阻止自己做出一些意外的行为，有时候我们会刻意地压抑自己的情绪，用自己的意志力要求自己控制、克制情绪。

这些被压抑的情绪会变成一个不定时的炸弹，随时随地都有可能爆炸，释放出能量伤害到身边的人。有时候压抑的情绪伤害自己、伤害别人的时候，会让自己的爱人产生误解，我们越担心，情况反而变得越糟糕。情绪不能释放，最后变成了心理的恐惧。

我们为什么会压抑自己，不表达自己的真实感受呢？因为很多人都好面子，做事总会考虑到别人的感受，害怕自己情绪的表达会引起别人的愤怒或者鄙视，就像一个小孩子害怕自己的某些行为会惹父母生气而克制自己的行为一样。所以，常人都会克制或者隐藏自己的情绪，不会轻易地表露自己。

其实，负面情绪的表达不一定是一件坏事。将自己的情绪压抑起来硬塞在一个角落里，可能某一天它会跑出来闯祸。悲伤、愤怒、嫉妒或者忧郁，这些情绪是我们内心感受的正常表现。

当我们遇到伤心的事情，不能自抑就会流下伤心的眼泪，这种悲伤的情绪是自然的、健康的。这些情绪的表达会让人心里变得轻松舒坦，对我们的身体而言，它是一种抒发，是一种宣泄，就像将我们身上不好的东西排除在体外，让我们保持良好的健康状态。

如果我们限制这些情绪的流动，将他们压抑在身体内，负能量就会在身体内堆积，造成身体的负担或是伤害。当身体负担过重的时候，同时也会加剧情绪的病症，严重的时候就会让我们的内心充满恐惧，可能会怀疑或自我否定。

我们的思想会左右情绪，我们的情绪也会影响思想。情绪的不稳定，会造成两个人相处的困难，两个人关系的紧张同时反过来也会影响到情绪的稳定。为了使自己的爱人满意，我们会压抑自己的情绪，结果导致情绪的崩溃和关系的恶化。此时，我们就会害怕关系的失去。而这种恐惧或者压抑的情绪无法排解的时候，可能会导致抑郁症的产生，抑郁症严重的时候内心会对自己、对自己的爱人或者对世界更加失去信心。

要摆脱这些恶性循环，我们首先要做好情绪的管理。不随意地发泄自己的情绪，但是也不要一味地压抑。相爱的双方要有自己的沟通方法，情绪释放的手段。

无论在什么场合，提出问题的心态要相对地平和，即使带着情绪也要注意分寸感，不要用过激的言辞说伤人的话。这种情绪的表达是良性的，是恋爱双方都愿意接受的。如果只顾着情绪的表达，而没恰当的方式方法，必然也会对另外的一方造成困扰。

6. 缺爱不能成为不会爱的理由

小唯还很小的时候，她的父母就离异了。小唯跟着自己的妈妈长大，可是她的妈妈那时候忙于工作，根本没有时间带小唯，所以小唯是由自己的外婆和保姆一起带大的。小唯的妈妈性格很要强，从小对小唯的要求很严格，从来就没有宠爱过她，在生活当中也反复地强调一个女孩子要独立，要有自己的想法，不要依赖别人。男人不可信，这世界上你只能相信你自己。小唯很少见到爸爸，遇到难事只能一个人解决。

小唯觉得自己很缺爱，有时候做梦都想有人来抱一抱她，轻轻地说上几句安慰的话。她有时候幻想自己的身边有一个晚上能陪自己睡觉的、稍稍宠爱着她的妈妈，有一个宠着她、会接她回家的爸爸。

可是在现实中她什么都没有，她孤身一人。小唯觉得自己变得越来越孤僻，而宿舍里的其他姐妹经常三五成群，吃吃喝喝聊天逛街。她很想找一个宠爱她的人来谈个恋爱，可是她觉得自己不能相信任何人，她不相信会有人能给自己那么多的爱，所以她也没有抱有期待。在内心深处，小唯知道自己缺爱，也害怕把自己爱的人带入现在不敢爱又缺爱的困境中。

缺爱的人真的不会爱吗？缺爱的人就一定不能得到正常的爱吗？未必。一般说来，缺爱的人可能性格会有些内向孤僻、认死理，他们对事物比较敏感，渴望别人疼爱又处处小心，缺乏安全感。但是也有很多的人拥有阳光开朗的性格，乐于助人，为人大度，幽默风趣，不功利不世俗，全能发展，有生活情趣。

陈述也出生在一个破碎的家庭，他的父母经常吵架，后来离婚了。成年后的陈述发现自己不知道如何正常爱别人，和别人建立亲密关系。就在这个时候，他认识了一个朋友，朋友的父母相亲相爱、和睦幸福，这是陈述从来不曾见过的。

因为对其充满了向往，陈述经常找借口到好朋友家去做客，同时也与好朋友的父母建立了亲密的关系。就这样，陈述也通过这样的方式体验到了在幸福和睦家庭中生活的感觉，从而重新建立了对初级亲密关系的认知。这个经历促进了他正常处理其他社会关系的能力。

当然，不是人人都恰好有陈述这样的一种奇妙的缘分，但是如果你觉得自己像陈述一样性格不够阳光，但还是有朋友和小圈子，甚至能力不差，只是觉得小时候缺爱影响了自己的认知，那么可以在生活中注意锻炼下面这两点：

信任别人，最起码要信任你的恋人。

缺爱的人往往会认为，信任应该来源于"有理有据的相信"，其实这是混淆概念。有理有据那是推理和证明，是演绎定理，不是情感。信任从某种意义上而言应该是无条件的，是根据对一个人之前的人品和品性了解之后，做出的具有全局观和自我牺牲精神的利益赌博。可是缺爱的人一般输不起，他们心里存在着童年的阴影，所以不会做出这样的赌博。这时候就要锻炼全局思维，要做好分类。

良好的沟通能力。

做人做事坦诚、真实、不做作、不赌气、不自卑、不自傲。这些都是在人际交往中非常重要的个人品质，具有这样品质的人往往很受欢迎。缺爱的人一般很难真实地表达自己，其实他们对真实的自己也不一定清楚。因为缺爱的人对别人的情绪非常不敏感，对引发自己情绪的原因也不敏感。所以他们对周围的反应会相对迟缓，需要进一步观察和分析才能清楚了解状况。

能够清楚地了解自身的需要。

某些时候，我们不能及时洞察恋人的情况没关系，缺爱的人首先要做到清楚地表达自己。有时候需要做一些练习，比如以自问自答的方式，一步一步整理自己的思路：我喜欢他吗？不确定的时候，就反过来问，我不喜欢他吗？我把他当成什么人对待了呢？他有哪些特别吸引我的地方？我讨厌他哪些缺点？在问自己的过程中，多想具体的事例和细节。哪件事情让自己觉得开心，自己开心的原因是他的哪句话引起的？他的话语中除了关心本身，还有什么？

缺爱的人可以经常通过这样的分析和了解来重建和别人亲密关系。良好的沟通能力是伴随着深度内省的，善于自省的人往往会能在实践当中通过迂回的方式改善自己。缺爱的人也会慢慢学会用成熟的心理来面对恋爱中的问题。恋爱关系之所以美好，是因为它修补了我们童年时期的缺失。我们第一次感受到被肯定、被无条件地爱、被照顾、被呵护。

可是有时候缺爱的人很容易产生依赖，一次次地向对方索取关心，索取肯定，索取"爱"，只会让对方越来越累。爱情里的索取是应该的，但问题就在缺爱的人很容易用力过度。对方的精力只能分给你百分之二十，你却无止境地索求，恨不得一次性地将心里的那个洞填满，结果，这样的方式把别人吓跑了。我们在分析处理这些情况的时候尤其要注意到这个问题。

其实，小时候缺爱与否，并不特别重要，重要的是为人的秉性和恋爱的心态。我们在日常的生活中一定要积极面对恋爱中发生的问题，缺爱不是我们不会爱、不能爱的理由。

第五章　缺爱也是一种病

1. 他是不是喜欢我：被爱妄想症

　　小枫的上司余江是一个事业有成的大叔，和那些大腹便便的中年大叔不同，余江仪表非凡、能说会道。因为小枫和上司是同一所学校毕业，校友的关系让他们在平时的交往中多了一份与常人不同的亲切。

　　余江或多或少在工作上也对小枫进行提点和照顾，小枫心里乐开了花。后来，随着两个人接触的增多，小枫更是觉得余江魅力过人，对余江也就更加留意起来。她发现上司每次见她的时候都笑得特别开心，有时汇报工作的时候还会亲手递给她一杯咖啡。这些小事被小枫记在心上，她觉得余江有意无意地表达着他特殊的关心。

其实，小枫放大了余江的个人魅力。余江因为工作上原则性的问题也经常在办公室发火，当他们项目进展顺利的时候，他看到任何人都会报以热情的笑容。如果你工作出色，他就会开心地给你冲杯咖啡或者茶，当作某种鼓励。余江的这些工作习惯，同一个组的成员其实都知道，小枫因为情愫暗生而对余江的这些行为作了特别的解释，她认为余江待她不同，或许是喜欢上了她。

在人生的某个阶段，我们会特别敏感，对外界的善意特别地刻骨铭心。这个时期往往是青春期的迷茫时期或者工作之初的历练时期，因为出现的困境超于平常的数倍以上，所以我们会不自觉地放大所依赖的人的优点，有时候甚至想当然地认为，对方或许是喜欢上了自己，期待着和对方更深入地交往，希望自己成为他的恋人。

这种微妙的心理被称为被爱妄想症。被爱妄想症是一种常见的心理疾病，患者会陷入和另一个人（通常有较高的社会地位）谈恋爱的妄想之中。这种妄想只是一种空想，大多并没有实际的行动。所以患有被爱妄想症的人，不自觉地想象自己与另一个人进行恋爱，这种恋爱不过是自己脑海中的想象。

因为对方一般社会地位比自己高，轻度的患者一般只会在心中翻来覆去地回放自己与心中投射对象的交往中的一些细节，但是重度的患者可能深深沉迷其中而不能自拔，进而产生一种心理依赖，而失去了现实生活的根基。

有些时候，患者错觉的对象极少或根本没有和患者有所接触，患者自己却相信其对象和他已经有了虚构的发展。也就是说患者产生错觉的对象不一定是在自己生活中真实存在的，他的对象有可能是受欢迎的歌手、演员和政治家等在媒体上活跃的大众人物。

几年前歌迷杨丽娟疯狂地迷恋刘德华，在脑海中幻想着能见到偶像后发生的故事，于是她不上学、不见人，整天沉醉在自己的幻想之中，后来为了见到自己的心心念念的人，最终酿成了家庭悲剧，这其实就是被爱幻想症中最经典的案例。陷入的被爱妄想症的人病情严重时，也会对自己的幻想对象进行跟踪或骚扰。

被爱妄想症的主要症状是妄想症，所以我们不能简单地认为靠自己的心理调节能够自愈。它是一种心理疾病，如果患者的情况已经严重地影响了生活，那么要到正规的心理医院进行咨询或者治疗。家人也不要大惊小怪，觉得这样的病症有损颜面，我们要正确地看待在某个阶段中出现的心理问题，给予患者足够的信任和支持，帮助他们走出困境。

2. 我在等着别人来爱我

　　徐丽是一个文静的女孩，平时喜欢宅在家里，结交的朋友不多，年龄渐长，可是没有谈过一次恋爱。要好的闺蜜希望她多出去，多认识朋友，这样才可能找到自己的心仪对象。徐丽说："铁凝快要成为老姑娘的时候，见到了冰心，冰心让她不要找，要等。"徐丽的闺蜜说："哎呀，不是我打击你。你可不是铁凝，而且你也得看处在什么年代，不能活在自己的世界里等着别人来爱。"

　　是的，如果我们一味固守着原来的婚嫁观念，等待着别人来爱自己，只会让自己陷入更被动的处境中。现代社会，每一个人都积极主动，生怕自己处在被动的位置，因为这样会错失良机。等待别人来爱自己，就是不作为、放弃自己。这是一种消极的生活状态，让自己无法争取到想要的伴侣、想要的生活。等待是一种美丽的无奈，幸福的爱情是需要寻找的！

如果一直处在等待的状态，不积极寻找，只等着别人把爱的机会主动给你，你可能一辈子都没有机会得到自己想要的。把希望放在别人身上，忘记了自己才是命运机会的主宰，这显得荒谬可笑。

此外，一个处在等待状态的人，内心是焦虑、慌乱的，处在茫然四顾的状态中。同时，因为他没有与人相处的经验，往往付出了一部分的情感之后，就会觉得自己理所当然地会得到某些回报。可惜，其他人未必能了解他的期待，未必能够明白她的意图。于是在等待又等待之后，她深深地受伤，深深地失望。

一个经常处在等待状态的人慢慢地对世界的反应也变得消极，甚至会变得偏激。她会想："我对世界充满了爱意，结果获得的却是世界的恶意。"其实每一个人都充满着对他人的慈悲，也会对别人的善意做出具有本能的饱含爱意的举动。不过，有时候我们也怕会错意不是？

Lindgren

我们要对别人付出爱心，自己的心中首先就要有足够的爱，就像银行的存款一样，自己的本来就余额不足，其实是没有能力给别人爱的。所以在平时，我们就要锻炼自己爱的能力。爱的能力不是等待就能获取的，必须在与人的交往中，在观察和历练中积累而来。

光是等待，没有其他的作为怎么可能赢得真正的爱情呢？我们说，深爱一个人会醉，恨一个人会心碎，最痛苦的是等待。时光不再，人事更改，要知道有些人错过了，就再也没有回来过。所以，等待和犹豫是这世界最无情的杀手，世上的爱情，没有几份真的经得起等待！

爱情本来就是一种很微妙的感觉，时聚时散，它犹如天上的白云，飘飘荡荡。我们怎么能只等待爱情的降临，而没有任何积极的作为呢？我们要学会沟通，要学会把自己心里的所想所思告诉对方。如果一味地等待，很容易让对方产生误解。当然如果爱到刻骨，时间或许可以证明你们的感情。可是更多的时候，感觉和缘分是等不来的，那种默契没有在朝夕相对中培养，怎么都不可能有。

未来有多远，在这瞬息万变的世界里很难说得清楚。我们能做的唯有把握现在，变消极为积极，变被动为主动，争取自己想要的爱情。时间会改变一切，爱情是自己经营的。

等待听起来是一件很美妙的事，但是在实际生活中，如果没有极其强大的耐心和定力，很多时候还是无法得到你想要的。比如，你在等待的过程中熬不住寂寞，熬不住孤独，熬不住艰辛，半道中途改变了。那么，你就有可能放弃标准，随便找个人将就，结果你所得到的必然不是你想要的。我们在生活中经常看到这样的案例：因为之前对爱情有很高的期待，没有抓住好的时机，找到自己喜欢的人，结果在父母或者亲友的安排之下仓促结婚，导致了一系列的婚姻问题。

等待并不是赢得爱情、获取幸福的好办法。当然，我们在积极为自己寻找爱情、寻找爱人的路途上，也要戒急用忍，用一种平常心去面对。毕竟，爱情也是一种缘分。在努力过后，用一种顺其自然的心态面对才是最好的方式。

3.恋人总不是我想象的样子：分手病

　　君怡通过别人介绍认识了自己现在的男友钟伟，钟伟很帅气，性格阳光。他们俩关系发展非常迅速，过了两个月就同居了。后来君怡在生活中才发现，钟伟并不是自己喜欢那种类型：钟伟生活没有规律，喜欢玩游戏，经常玩到晚上三更半夜，作息很混乱。

　　后来君怡提出了分手，可是钟伟不肯。钟伟觉得两人相处挺好的，这些生活中的事情可以通过进一步的磨合改善。君怡还是不乐意，就觉得钟伟不是自己要找的那个良人。君怡的朋友忍不住相劝，你一直要找自己想要的爱情，可是哪一任男友后来不是因为你发觉与自己想象不同而跟他们分手？

君怡意识到自己频繁地与男友分手，的确是因为自己一直在找一份完美的爱情。其实，每个人在不同的场合自然有不同的样子，总体上的行为方式就是一个人的性格特征。有时候，为了在感情上少走弯路，一些对自己认识比较深刻的人就会在自己的心中勾勒自己的理想对象，但是他们也清楚，所谓理想的对象都是想象出来的，我们很难遇到那个完全符合自己想象的对象。

有人认为人们在爱情中会为了对方做相应的改变，如果他爱我就会变成我想要的样子，这样的想法真是强人所难。两个人相处，不应该是挑剔，更多的是迁就、理解、包容！理解你的一些小怪癖、包容你的一些小脾气、迁就你的一些小习惯，无论男生女生都应该如此。我们不能以爱的名义，要求别人做出让人难以接受的事情。

女生在爱情的角色扮演中，很容易理想化，也甘愿为对方做出很多的改变。比如，男朋友喜欢长发，你就将帅气的短发留长；男友喜欢你穿裙子，你就将心爱的牛仔裤收起；男友喜欢安静恬淡的性格，你就从活泼的女孩子变成了安静的乖乖女。可是，在这么多的改变之后，这还是本来的你吗？这是你自己喜欢的自己吗？

　　万一这段恋爱不成功，我们再遇到另外一个人，而他喜欢的却是另一个样子，那么我们是不是还要继续调整、改变，只为留住他的心？为了爱情，我们变成另外一个人，这样其实导致的问题更多。爱情从来都不是谁想象中的模样，如果你的恋人对你百般挑剔，想让你成为他心目中的理想型时，请对他潇洒地说，这就是我，要么爱这样的我，要么就去寻找合乎你标准的人。

　　两人相处，如果对对方要求太多，会让他内心产生一种恐惧，不知道自己又说了哪句话影响了他的心情，又做了什么他不喜欢的事情，慢慢开始没有自信，做什么都担心，这样诚惶诚恐的恋爱关系又怎么能持久呢？而为了维系一段爱情真的要如此委屈自己吗？

　　其实两个人相处，经过了磨合阶段之后，两个人的性格和脾气多少都会有些改变。这种改变是在不知不觉中产生的，不是那种一言不合就挑剔要求改变形成的。我们如果想要改变，当然可以，但是要发自内心地想要自己改变，而不是为了对方，不是为了爱。

他喜欢短发，你觉得换一个发型看看自己的新形象也可以；他喜欢裙子，你觉得改变一下风格也很好；你在公司位居高管，却为了孩子家庭做起全职太太，这些都完全可以。你的行为只要是因为自己喜欢而去做的就没有问题，因为无论做什么都是自己的决定，这个过程是愉悦的，是你的心之所向。

小S曾经写过一篇文章，里面提到两个人相识之初，她很想为老公做顿饭。小S做足了准备，购买了新鲜的食材，查阅了大师的菜谱，她手忙脚乱狼狈不堪却失败了，最终情绪崩溃。最后，他们还是出去吃了一顿美食，心情却异常好！她说，愉悦别人之前，请先愉悦自己！只有当你从心里感到高兴，才会有好的情绪去感染身边的人！

经历了那个故事之后，现在的小S经常在微博上晒自己的厨艺。不过，你可不要觉得她是为了爱而改变，这只不过是她真正适应了人妻的角色，真心地想要学做美食为家人煲汤。这是她发自内心的需要，是她主动的选择。

万物皆有变，每个人都在不断地进步。我们会在不同的人生多阶段有不同的心境有不同的取舍，当然也会有不同的改变。这样，我们会不断地成熟，不断地完善，或者某一天真的成为某一个人的理想对象。但是驱动改变的行为背后不是为了别人去做，而是自己想做。

　　所以，我们不应该一开始就对自己喜欢的人、爱自己的人做各种限定和要求，不要急于否定对方为什么没能做到。当你们的爱情水到渠成的时候，自然而然就会发生一些改变。如果我们爱着的人想要你这样，想要你那样，打破你的成长节奏，而不是爱着你的每个阶段，陪着你一起去成长，陪着你一起去经历，那这样的爱情也不值得珍惜和挽留。

4. 爱他，也要更爱自己

　　小鱼毕业后去了某市青少年舞蹈培训中心当老师。小鱼模样姣好、身材苗条，市里的许多优秀青年都曾对她展开过追求，可她却偏偏对中心的一个副主管产生了深深的爱情。副主管是一个比她大14岁的有妇之夫。副主管因为和妻子感情不和，下班后常常留在培训中心，迟迟不愿回家，而小鱼因为初来乍到，一时之间没找到住处，就暂住培训中心舞蹈室隔壁的一间简易宿舍里。时间长了，两个人的接触也就越来越多。

　　孤男寡女在一起聊天，开始还只是一般的家常话，时间一久，深入的交流逐渐增多，一来二去，两人的感情便悄然发生了变化。小鱼的单身宿舍就逐渐变成了两人的鸳鸯床，副主管经常深更半夜才往家走。有一次俩人恩爱太久，一觉睡醒，天已大亮，一两个早来上班的年轻人看见副主管从小鱼宿舍里出来。

青少年培训中心服务的对象都是孩子，大家对这样的事情比较敏感。正所谓好事不出门，坏事传千里，消息很快传到副主管老婆耳朵里。他老婆打上门来，闹得单位乌烟瘴气。

为了维护自己的名誉，副主管央求小鱼辞职，他说："在同一个单位忌讳很多。在这个城市，我有一定的人脉，我马上给你找工作。这样更好，我俩不在一个单位，方便我们的感情发展。"小鱼来到异乡，最亲近的人就是副主管，她觉得自己爱他就应该做出点牺牲，于是小鱼答应了向培训中心辞职，找了个小旅馆住下来等他的消息。

结果一天天过去，一周周过去，身上的积蓄花完了，小鱼也没有等来副主管为她安排工作的消息。而且副主管来的次数也越来越少了，后来干脆换了手机号，再也没有出现。小鱼为了守护自己的爱情，丢了工作，也丢了年轻人积极向上的激情。

因为这次伤害，小鱼丧失了以前自信开朗的个性，工作也很不上心，得过且过。在爱情里，一个女人错爱他人，很容易完全失去自我，当彻底放弃自己的时候，悲剧也就发生了。

在爱情中，女人爱别人更要爱自己，不是找到一个宠爱自己的男人，而是自己将自己视若珍宝。有些感情，原本很单纯，后来却越谈越麻烦。爱别人的前提是爱自己。有人爱你，偶尔对你百依百顺，却很难做到一辈子都珍惜。所以，你最需要做的是爱自己。

说实在的，我们为了爱常常会迷失自己。有一些人甚至会为了所谓的爱情，不顾家庭、不顾事业、不顾孩子，不顾道德观，从一个男人的身边跑向另一个男人。

这个时候，我们往往忘记了爱自己，忘记要让自己有尊严，忘记要让自己得体美丽，忘记了要有自己的生活。我们总觉那个男人将是自己一生中最终的选择，最合适的选择，最无悔的选择。其实，那时候我们都忘了爱自己才是一生中最终的选择，最合适的选择。

一个人忘了爱自己，就容易因为爱上别人而伤害自己。像小鱼，她如果爱自己，就知道介入别人的感情最终吃苦的多是自己，那么她就不会以爱之名堂而皇之地和一个已婚男人纠缠。

爱别人是件易事，而爱自己是件难事。因为我们内心的胆怯，总是期待别人给自己关爱，所以我们愿意躲进爱情里祈求那片刻的欢愉。爱自己很难，这意味着你要独立、要自强、要努力，你要通过各种方式去发现自己并且关爱自己，这样的过程总比找到一个爱人撒个娇，获得拥抱难多了。

爱别人和爱自己其实是密不可分的。一个爱自己的人，他的情商往往比较高，他的沟通能力比较强，遇事也容易冷静下来找到解决的方案。那种一旦获得一点关怀和温暖就忘却了自己的人比较情绪化，对社会的认知也不全面，当他离开一段爱，如果没有得到合适的方法开解，就会要么伤害自己，要么伤害别人。

我们的爱想要更健康，首先就要爱自己，然后才是爱别人，在爱别人的同时更要爱自己。

5. 营造安全感，才能拒绝劣质的爱

红姐和一个比她小5岁的帅小伙子恋爱了。

谈了一段时间之后，红姐发现这个帅小伙认识的异性不少，偶尔还会在微信上打情骂俏。

红姐问男朋友，他说那是没见过面的朋友，不过是无聊时打发时间。红姐没有再细问，但是从那以后她有意增加了两人相处的时间，去见朋友的时候也是手拉着手去的，这样不相信男友还有时间做坏事。

但是在内心深处，红姐总觉得他们之间的关系还不是那么稳定。要说他们是情侣吧，平时的亲密互动也不多，要说他们不是情侣吧，可是他们的确见过了彼此的朋友，确定了关系。

红姐内心觉得不踏实，觉得自己在这段感情中，缺乏安全感。这不仅仅是两个人的年龄差异造成的，更多的是在两个人的互动中，她觉得缺乏安全感。

安全感的确是两性关系中很重要的一种心理感受。本质上来说，安全感是一种对身体或心理的可能风险的预感，以及个体在应对处置时的无力感，主要表现为确定感和可控制感。你可以看到，事实上它与我们自身的心理状态才是密切相关的，并不能通过某种法律关系来赢得。

安全感这个话题比较复杂，而且据说"安全感"才是当今世界最严重的"妇科病"。

如果我们做任何事情，都能抱着的一种积极的心态去进行，表现出积极的、正面的、踏实的、稳定的心理感受，那么就会获得安全感和满足感。

通常大家认为，安全感需要自己满足，因为别人不可能细致入微地观察到你心里的需要，即使知道了也不可能会满足你。的确，我们最了解自己的内心感受，所以自己建立安全感很重要。一般来说，那些心理成熟的人更容易从外界获得安全感。

在面临相同的处境时，强大的个体，具有成熟的、开放的性格，能正确地认识自己，认识他人，在与身边人的互动中容易获得满足感，容易获得自信。自信的人更容易获得安全感，哪怕她面对恋人、好朋友或亲人的背叛、疏离，都可以一如既往地生活并保持着乐观积极的心态。

但是每个人的个性不一样，不是所有的人都能成为外向型的人格，而成熟的确也需要时间的历练。很多时候男人们都没有搞清楚一件事情，为什么女人总要求有安全感，我怎么知道要怎么样她才会有安全感？

现在的都市女性看过了太多的悲欢离合，安全感似乎成了一种奢侈品。一个女人的幸福感往往与安全感是联系在一起的。所以，如果恋爱中的两个人能让对方有安全感，那么你的感情就成功了大半。那么我们怎么和恋人建立具有安全感的关系呢？建议可以从以下几个方面着手：

1.给予关注。尊重对方的感受，不要无视对方的感受，越是忙碌越要给予对方关心。轻声的问候、临出门的叮嘱、回家前的嘱托，在日常的小事中体现这些关爱。

2.相互的尊重。不要嫌弃对方的事业、能力或者生活习惯。彼此认真地倾听，不要随随便便打断对方的倾诉，给予尊重，慢慢产生依赖的感觉。

3.温暖的肢体接触。亲密的肢体接触，让人感觉踏实。人其实都有身体接触的欲望，男人女人都一样。掌心、怀抱的温暖，能让彼此间的距离拉近。

4.适时的嘘寒问暖。关心体贴能增进两人的情感，女人有时候容易产生情绪，她需要的只是一个能够诉说的对象，说完了就释放出来了，并不一定要求结果。尽量记住提过的人或者事，在遇到困境时，给予最好的建议。

5.让她的家人朋友都欣赏你。长辈们实在是厉害，如果能赢得彼此家人、朋友的欣赏，就能从中获得另外一种满足感。

6.要有运动爱好。有某种运动爱好，较容易找到情绪的出口，容易唤起心中的热情，对生活充满信心。

7.搞清楚和异性朋友的分界。无论男女，都应该有自己的朋友圈子，但是玩暧昧的男人肯定是让女人最为痛恨的。如果彼此的界线不清楚，那么总会有一方处在不安之中。我们应该让对方知道来往的朋友是谁，这样大家可以在信任的基础上互相给对方空间。

适当的时候，要多说一些甜蜜的话。人总希望听到一些动听的话，听到让人愉悦的话会让彼此的心情舒服放松，情绪稳定能带来安全温馨的感觉。

第六章　要荷尔蒙还是柏拉图

1. 做出承诺需要勇气

恋人们相爱的时候喜欢问，"你会永远爱着我吗？"有些人会两眼一闭，立马表态——"会呀！"我们明明知道那是不可能的事，那是恋爱中的情话，但是仍然会相信。等两个人了解越多、越加深入，我们就希望对方能真正地给出承诺，打算什么时候见家人，打算在哪里买房，打算怎么建设两人的家庭，打算什么时候结婚。

佳宁和男友从大学开始相识相爱相知，毕业后他们共同打拼，度过了人生最美好也是最灿烂的6年时间。佳宁和男友的工作稳定下来了，她旁敲侧击说谁谁打算买房结婚了，谁谁准备过年回家见父母了，可是每一次佳宁的男友好像没听到似的，没有做出任何反应。

佳宁有点心灰意冷，觉得这份爱情是不是没有什么保障。可是她的男友平时对她体贴入微呵护有加，佳宁在生活或者工作中遇到的大小的事情，他都会鼎力相助，毫不迟疑。佳宁就不明白了，为什么两人不能好好地聊聊关于未来的事情呢？不错，她想要一个承诺，哪怕这个等待爱情结果的时间有些漫长，可是毕竟有了承诺有了共识，才能让人心甘情愿地继续，而现在的状况，让佳宁很难理解。

有人说，爱情由三个成分组成：亲密、激情与承诺。如果你没有同时具备这三要素，你并没有体验到爱。在这三个要素中，承诺并不会随着亲密和激情的递进而产生，只有有勇气的人才会给对方做出承诺。这种承诺是决心，是一个人在一段恋爱关系中，愿意为这段关系贴上恋爱标签，做出必要的许诺来维持这段关系。

一段感情只有亲近感、联系感和结合感，但没有激情，也就是说没有性唤起，也没有维持这段关系的承诺，这就是喜欢。大多数典型的友谊中，都存在着这种感情。如果你并未感受到亲密，也没做出承诺，但却充满激情，感受到性唤起，这就是"迷恋"。

痴迷的爱，也就是一见钟情。相互不认识，也从未分享过任何秘密，没法界定关系，对未来也没有承诺，只有当下深深的吸引。这就是迷恋。而没有亲密感，也没有性唤起，却要维持这段关系，要求始终对此负责，这就更像包办的婚姻了。

在爱情中，每一种要素都是不可少的。准确地说，承诺在爱情中不仅是重要的，而且是必要的！没有承诺的爱情说不上是爱情，当然，这是针对真爱来说的，虚情假意打发时间的感情是不需要承诺的。在虚假的感情中，承诺只是骗子用来掩饰的幌子。

生活中也有不少负面例子。离婚很大一部分的原因是承诺的破裂，每个人在婚姻长跑中都会有各自维持的方法，但是如果他们不想继续了，就会选择退出比赛，这是我们经常了解到的情况。选择开始一段感情，即使我们知道自己不能保证感情可以天长地久，可是我们依旧要承诺，因为这样就表明你有设法经营、设法继续的决心和勇气。

有了承诺的感情也不是一成不变的。所有的东西都会有变数，重点是在它变的时候，我们想办法去维持它，改善关系，阻止它退化，从而把我们的感情推上另一个的阶段。这就是承诺的兑现！没有勇气争取幸福的人，是不敢做出任何承诺的。

佳宁的男友可能是觉得时机尚未成熟，可能觉得自己现在还不能给佳宁带来幸福，但也可能他根本没有考虑到两人的将来，无论哪一种都说明他没有勇气携手面对未来的困难。两人相爱所要面临的挑战的确不少，但是既然选择了不放手，就要勇于做出承诺。

有承诺的爱情就像交了保险的车，会让同舟共济的双方心理有一种踏实的满足感。虽然前路崎岖，虽然前路奔波，可是无论发生什么，我们彼此承诺无论风雨都会一起努力，这就是爱情最奇妙的胜利。这种胜利需要我们付出勇气，不是时机不是命运，是承诺过的两人用自己的努力去争取，这也是爱情能够天长地久的秘诀。

2. 我的身体忠于你：精神出轨

　　李攀和她的老公平时很恩爱，但是怀孕之后她发现自己很可能要面临婚姻危机了：老公跟女同事短信电话频繁，因为去公司的路线相同，女同事会经常约老公上下班。这样的情况已经持续了大概好几个月，被李攀发现后，她的老公承诺保持距离。可是两人的感情还是出现了裂痕。

　　李攀即将生小孩的时候，又发现老公会开车送女同事回家。李攀怒斥自己的老公，逼问他原因。她的老公说，两人根本没什么，只是平时联系多一些罢了，但是并没有实质的关系。李攀没有善罢甘休，因为她生产在即，老公害怕意外发生，只好再次保证不再联系。

　　李攀知道自己的老公精神开小差，但是也相信他没有实质性的出轨行为。因为那个女同事也是有夫之妇，那时候和李攀差不多同时怀孕，两人的孕期只差半个月。女同事生产后在家休了一年多的产假，李攀忙着照顾小孩的时候，也可能女同事也忙着照顾小孩，她没发现两人再联系。

　　孩子快两岁的时候，李攀的老公说单位组织活动，必须去，但是不能带家属。后来李攀知道，老公骗了自己，他们要好的几个同事自己开车去海边玩了一天，其中也有那个女同事。这成了两人日后吵架的导火索，有一次两人甚至因此大打出手。

　　后来不久，李攀老公单位真的组织旅游了，可以自愿分批去，他与那位关系暧昧的女同事是同一批去的。老公告诉李攀这只是巧合。结果回来的时候，李攀发现了他们搂在一起的照片。老公的解释是，在这么多人面前这样照相，恰恰说明没什么事情。

　　李攀坚决认为老公是精神出轨，而他的老公认为自己管住了自己的身体，没有做出违规的事情，李攀这样打闹很没有道理。两人少不得又是一番争吵打闹，为了孩子，李攀的老公再次答应再也不单独联系女同事。

然而不多久，他们又在网上聊QQ。李攀质问老公为什么答应好的事情做不到，她要求离婚。李攀的老公说，是李攀无理取闹，他的答应都是被逼的，是权宜之计。他一直强调，他们之间什么也没有，没有发生过关系，他很爱这个家，很爱李攀，从没想过不要家庭跟别人在一起。

李攀很痛苦，也无法再信任他，也做不到对他好。因为两个人相处的时候，李攀总会不由自主地分析他的行为、他的思想，管住了身体也没用，心不在算是相爱吗？李攀的老公说，他不过思想有点问题，不算什么。现在的社会出轨都很普遍，你不能为了这样的原因就让孩子跟着我们一起痛苦。

李攀一时之间也没拿定主意该怎么做。她觉得，世界上那么多精彩的事情都享受不过来，自己还在小情绪里挣扎，太浪费时间了，好像计较那么多也不应该。可是，想到自己的丈夫和另外一个女人谈情说爱，她又觉得难以忍受。

那么，李攀应该怎么做呢？

首先，解决这样的问题根本之道在于找回自我，她要明白自己才是真正给自己幸福的人。一个有自己的人生目标的人，知道自己要什么，知道自己如何为自己的生命做些努力，这才是真正的幸福。所以，幸福不取决于嫁给一个完美的人，而是自我的提升，提升自己选择的能力，提升自己面对困难的能力，提升自己勇敢放弃伤害的能力。

其次，她不应总局限在自己原有的生活圈子里，这样就会对自己的老公关注程度过高，他觉得受到的限制太多，反而就会有往外了解拓展的思想。她可以发展个人的社交圈子，和闺蜜喝喝茶、看看电影。如果可能的话，可以直接与那位女同事建立较紧密的联系甚至成为好友，了解他们的思想动态。当有了自己的空间，不再将老公当作唯一的焦点时，他的态度也可能会发生相应的变化。

第三，她可以和自己的另外一半建立共同的爱好，如果二人世界对他来说只是义务而不是乐趣，那么他的思想自然希望找到和他有共鸣的人。所以我们要积极寻找共同的兴趣爱好，找到交集和情感以外的共同话题。

第四，要让小孩成为老公的关注重点，让他为家庭尽义务，忙碌的生活会让他没有时间注意其他的干扰。

我们的爱情总要经历几个阶段：了解、信任、支持、提升、收获。只有相互了解了，才能知道彼此需要什么，互相取得信任，并在信任的基础上互相给予支持，让彼此的人格得以提升。

我们不能简单地说管住了自己的身体，精神就可以任意放飞；我们也不能简单地说精神放飞了，这段爱情不要算了。生活就是生活，遇到了问题，我们总要一起面对，共同解决。

因为对方的存在让自己的生命更精彩，最终收获成熟、美好的爱情。所以，经历这几个阶段的爱情才是真正的爱，我们才更有信心面对将来的生活。

3. 我想看看围墙外的风景

刘昊和朋友一起合伙经营公司，经过长时间的打拼，一切都顺风顺水。就在这个时候，他觉得自己的婚姻状态实在是太糟糕了，根本无法忍受。

刘昊和他的太太荣雪刚刚结婚的时候，两人的相处就一直磕磕碰碰的，但是那时候自己忙着生意上的业务，而太太在外面工作挣的钱也很多，他觉得自己没有什么条件谈离婚。

荣雪很能干，不仅工作出色，而且回到家中也是一把好手，将家里打理得井井有条，把刘昊的生活照顾得也很舒适。其实，刘昊以前就喜欢被她照顾的感觉，喜欢她的能干、聪明。谈恋爱的时候，刘昊根本没有什么表示，荣雪就能知道他的心思。只是结婚后，刘昊觉得自己的太太又啰嗦又强势。

他觉得太太喜欢抱怨，整天要求这个要求那个，催着他打拼，希望他的事业能够蒸蒸日上。孩子出生后，荣雪的脾气更坏，看到刘昊很少有好脸色，有时候一句话都不说，就带着孩子睡觉去了，刘昊只好一人在家看电视打发时光，觉得自己很孤独，觉得自己是多余的人。

荣雪之前掌管家中的财务，对自己对家人都比较节俭，不懂浪漫，让刘昊也觉得生活没有意思。当他经济稳定之后，刘昊觉得自己不能再委屈自己，要追求独立、自由，让自己的老婆知道，自己不再是那个什么都要让她管的、长不大的人。

刘昊要离婚，荣雪快哭晕了。她一直认为，两个人的婚姻很平淡，可是感情还算不错。一直以来，她为家庭和刘昊操心努力，没想到竟然换来离婚的要求。

荣雪的父亲是有了外遇和她妈妈离婚的，所以她对自己的婚姻其实不是很自信。她知道和自己共度一生的并不一定是自己父亲那样的人，可是她还是希望男人顺从听话，这样她才有安全感。没想到荣雪掌控了生活中的所有，要求自己的先生事事听从自己的意见，结果仍然难逃离婚的结局。

婚姻总是平淡多于激情。一开始的时候，我们会认为彼此的相遇是命中注定，彼此的结合是天作之合。然后，在共同生活一段时间之后，我们会发现彼此的关系与原来的想象相差很远。所有的关系不过是让彼此在悲伤、嫉妒和挫折中重新检视自己，发现自己。

那么是我们爱的人或者爱我们的人变了吗？原来悉心照顾自己的人变成了鸡毛蒜皮都要管的人；原来对所有事情都没有想法的人，开始对伴侣的任何一个决定都产生怀疑；原来最欣赏的独立能干的性格变成了独断专行，不讲理不能接受别人的意见。

原来我们所欣赏的所有的优点，转眼间变成了最让人无法忍受的缺点，这也是亲密关系中最特殊的地方。两个人因为关系的亲密无间，彼此过于熟悉，在没有任何防范的情况下，我们内在最真实的部分在生活中袒露无遗。等各种矛盾积攒到一定程度的时候，我们就不愿意再停留在原地，希望到外面看看，重新寻找适合自己的灵魂伴侣。

亲密关系是人生中最困难的修行。遇到问题，有些人总希望通过逃避来解决，通过向外寻找其他的途径来解决，却不知道这可能只是一种试炼、一次学习的机会。于是我们看到，很多人为了脱离目前这个让人不舒服的困境选择离婚，他们把离婚当成了逃避痛苦的办法。

如果我们能明白每一段关系中，确实隐含着需要学习的功课，自然愿意让自己冷静下来，仔细观察问题内在的含义，理解自己在这个关系中所扮演的角色。我们的伴侣在婚前是经过选择的，当初的欣赏和喜欢，就是自己内心某种缺乏的投射。

结婚的时候，两人就曾立下誓言，要彼此帮助彼此成长，那么我们发现问题的时候，首先要做的事是想尽办法去改善，而不是想着逃避，离婚一走了之。因为，这个时候逃避面对的问题，不仅对现在的关系毫无帮助，反而会让自己失去应该学习和了悟的机会。

因为我们在大多数的情况下内心总是欣赏同一类人，即使后来真的换了另外的人相爱，但是他其实或多或少还是具有前任的性格和素质。而如果我们首先尝试着一起面对共同解决，那么即使婚姻内的问题没有得到解决，自我的觉察能力也会得到提高。

很多人以离婚来解决自己长期对婚姻的失望和不满，却从来没有尝试过通过沟通，在彼此的互动中，让对方清楚了解自己的内心感受，而是一厢情愿地认为对方就是一个蛮横不讲理的人，自己一直委曲求全地过着苦闷的日子。

这样的认定根本不利于关系的改善，除了抱怨和不满，找不到修补关系的着力点。其实，我们应该为自己的逃避背负责任，将自我的感觉完全放在别人的身上，将自己受制于人，当然在亲密关系中享受不到快乐。

有些女性就经常抱怨自己的老公："他根本没有脚着家，他就喜欢往外跑，和他的所谓的哥们吃吃喝喝。他根本不过问孩子成长中的任何事情，叫他陪孩子玩耍，他就拉长了脸。"如果，我们做出有益的沟通，表明孩子的成长是不可逆的，既然为人父母，我们就应该多陪伴，在陪伴中感受孩子成长的快乐，日后也会为自己的生活增添无穷的回忆，这样的沟通是不是比抱怨有效？

想要改善亲密关系，我们有责任观照自己内心的所思所想，如果丢弃改变的责任而只想逃避，那么就是推卸责任。认真想一想，改变自己都如此困难，改变他人就更是一件难事。

所以我们要离婚，不如从自己做起，养成观照的习惯，想清楚在婚姻里面所想找到的圆满是否有可能实现？换一个人，我们拥有的关系是否就能顺畅？婚姻的长短都不代表什么，而在婚姻关系中，我们学到的功课才更具有意义。

4. 最好的爱情是灵与肉的统一

尹萍外形很好，气质出众。对于自身条件，尹萍是有点小骄傲的，所以找男朋友的时候，她对男友的要求也很高。经过多年的寻找，她终于找到了一位有才有貌的男友。男友对她一直言听计从，宠爱着她，想把世界上最好的东西和尹萍一起分享。

某一天，尹萍和她的男友闲聊："你爱我，还是爱我的身体？"男友愣了一下，狐疑地看着她，过了一会儿说："当然是爱你了！"

"难道你不爱我的身体？"尹萍继续发问。

"爱。不过是先爱你这个人，再爱身体。"男友赶紧表态。当想要问一个男人"爱我还是爱身体"时候，就好像是一种警示。这种问题绝对会让你的男朋友觉得不安，要么是你想让他知道一些东西，要么，是你自己不够自信。总之，这样的问题太有挑战性了。

这个看似简单的问题，根本没有必要去问。因为很多时候，绝大部分人的爱情和性是分不开的。。

有人会把风流韵事和真正的爱情给混为一谈，但其实爱情是灵魂和肉体的结合。只要灵魂而不要性，或只要性不要灵魂，这都不算真正的爱情吧。

多数人不能忍受毫无爱情的婚姻，两个人只有爱到不能分离的地步，才能走向婚姻。但无数的事例也证明，即使真爱的婚姻也不一定能白头到老，很多人也会因为婚后性生活的不和谐而提出离婚。

性不仅仅是生理需要，也是心理需要。人的本性是需要新鲜和刺激感的，在这点上说，婚姻未必是一个合理的制度。但人类的文明尚不足发明更合适的制度。那么结婚的人如何处理自己多元的性爱冲动呢？这个问题就像癌症一样困扰着人类。古今中外无数的哲学家、文人都不曾有合理的答案。甚至有些人给出了偏激的回答，要么性泛滥、要么性捆绑。这些都无助于问题的解决。

爱情是一种很奇妙的感觉，有时复杂有时简单。有时候，爱情是一个容器，有的人存储于其中的感情多些，有的人少些，如果不小心把爱情容器倒完，那么就再也找不到爱情的感觉了；有时候，爱情是一个肥皂泡，透明梦幻，却非常容易破裂；有时候，爱情仅仅就是一种感觉。爱上一个人，可能是因为他的笑容，他的头发，他的某一个动作或者他的一句话。感觉这东西很奇妙，只有你自己知道。

爱上这些感觉的时候，慢慢地我们会发现对方更多的优点。其实，如果因为爱情，后来即使贪恋身体也并不重要。重要的是彼此在这过程中都快乐，快乐地想要相互拥有对方一辈子，携手走过漫长的人生道路。

人本身就是一种灵与肉的结合。只有灵魂，失去了真身不是人；只有肉体没有灵魂，也一样不是。所以我们爱着灵魂，也需要爱上肉体，爱上全部属于对方的东西。爱上"灵"或者爱上"肉"的先后顺序并不重要，重要的是在一起的日子里，彼此愿意倾注所有，将自己全部的精力放在一份感情之上。

可是在生活中，很多人会将这两者分开。只爱上肉体，个人的情感生活就显得空洞；只爱灵魂，生活好像建立在空中楼阁上，没有落到实处的痛快，无论哪一种都暗藏了很多的问题和冲突。

我们最好的爱情应该是灵肉的结合。爱着对方的身体也爱着对方的灵魂。懂得发现对方不一样的特点和优点，或者在生活中发掘对方的与众不同，赋予灵肉的特殊意义。

5. 责任与情感并不矛盾

　　刚来公司的何曦喜欢上了他们小组的学长徐宏。徐宏人长得很帅，而且很幽默，经常逗得身边的人哈哈大笑，也因此，他很受女孩子的欢迎。而凭借自身的条件，徐宏经常换女朋友。何曦在茶水间里听到过不少关于他的传言，可是当徐宏邀请她共进晚餐的时候，她还是忍不住地同意了这场飞蛾扑火似的爱情。

　　徐宏和何曦交往期间，当然还没有放弃发挥自己的特长，经常买杯奶茶都会认识一两个美女。何曦很头疼，可是又舍不得离开他，于是，她试着问徐宏："你爱我吗？"

　　徐宏眼睛都不眨直接说当然。何曦说，既然爱，请你尊重我的感受，请你以认真的态度对待这份感情。徐宏说，对待爱情我一向很认真，你是我女朋友，我没否认。如果你觉得不合适我们就分开吧！

两个人对待爱情的观点完全不同，何曦不知道该怎么继续这样的话题。爱情是人类美好的情感之一，尽管可能人人向往，但有些人却将它视作一场游戏。爱情是以爱作为基础，需要彼此诚挚地对待，它是情感和责任的统一。

还有些人说爱情是有保质期的，过了保质期爱情就不存在了。爱情的保鲜期是在两个人刚刚开始相爱的时候，也就是说是在两个人不是很了解的情况下，互相吸引。这种吸引产生了很多美好。

而这种现象与感觉随着两个人接触、恋爱，生活时间的变长而逐渐转淡，相爱的时间长了，爱情就像一张五彩斑斓的图画，被风吹日晒之后变成一张白纸，失去了光彩。而人又是喜欢过多姿多彩生活的，不能容忍自己生活中最大的调味剂——爱情变得如此无聊，所以现代的爱情故事多以浪漫开头，以惨烈的结局收场。

爱情需要两个人的信任、理解和包容，不管发生什么样的事情，都必须要考虑到对方的处境及感受，要站在对方的角度考虑问题，这样才是真正的爱对方。如果双方都能做到这一点的话，恋人间的很多问题都可以得到解决，相处也会和谐愉悦，白头到老也不会变成一句笑谈。

爱情不能光讲情感不讲责任，我们的爱只有和责任连在一起才可以永久。但是在爱情中很多人是看不见自己的局限的，所以现在的离婚率很高。

李敖说"唯有恋得短暂，才能爱得永恒"。两个人开始相爱的日子是"恋"，两个人间的情感在相处过程中慢慢升华之后才是"爱"，爱是有责任的。恋很短暂，但是恋得好就会是爱的永恒，这就是爱情中的情感与责任。

不论这爱情是存在于谁身上，不论这个人是谁，我们的爱情一定要与责任挂钩。相爱是美好的事情，光有冲动的情感难以持续，必须要和责任相统一，这样才能让我们的爱情保鲜。

由爱情转变为婚姻，情感在其次，责任在其首，责任如果不存在于婚姻中，人们就完全没有束缚了，婚姻也就变成了游戏。夫妻之间其实除了爱情之外，又增加了特别深厚的亲情。这时候两个人要是想分开，就不能只想着自己的爱情了。爱情背后更多的是亲情，更多的是责任，是对两个家庭的责任……

就爱情的快乐来说，有的人追求的只是相爱过程中的那份甜蜜，那份美好，他们只想得到在爱情还没有变质、没有进入婚姻之前的感觉。这样的感情是不负责任的，最终也是短暂的。有些人为了保存爱情的新鲜，在两个人感情还没结束前就停止爱情，使双方记忆中永远保持的都是相爱的美好，而不是天长地久的相守。这样的爱情是不真实的，这也绝对不能称之为爱。

如果真的爱一个人，是愿意和他一起去相守，去承担来自婚姻的、家庭的共同的责任的。这样的爱无论何时何地都能保持初心，因为这份爱里面注入了责任。

所谓的爱情过期，我们可以用亲情保鲜起来，亲情一辈子都不会过期。我们可以把感情封存起来，用责任延绵一辈子。所以，在决定和对方成为情侣之前，双方都应该深思熟虑再作决定。即使是相爱的两个人，如果不能为对方负责，还是让最初的心动化成朋友的关心最好，这样不用担心伤害彼此。

第七章　你的爱情观需要拯救

1. 我总觉得他不够爱我：感情完美主义者

　　我们总会遇到一些男性友人抱怨：我的女友太难伺候了。我去接她下班，因为有事在路上耽搁了一会儿，让她等了5分钟左右，她就不高兴了。哪怕当时马上赔礼道歉，陪她吃了一顿大餐，哄得她暂时高兴了，可回到家中，女朋友却又哭了。她说我不够爱她，如果爱她的话绝对不会让她等那么久。甚至还要我写保证书，保证以后绝对不会再犯同样的错误。至于吗？还要写保证书！这不是生活中经常发生的事吗？而且我已经赔礼道歉了，她还这么得理不饶人！

　　可是这样还不够，女朋友还会继续说，她付出了百分之百的感情，而我对她付出的却最多只有百分之八十。她还会继续唠叨说，她要的是完完整整的感情，不能有任何分心。她说她是完美主义者，情感上也有洁癖，然后总会因为这件事哭。

有些人看到这儿的时候，可能会忍不住笑出声来，因为很多人的女朋友也都这样。

除了这一类女朋友，其实生活中还有很多人也是完美主义者。有些人甚至会因为没有修改PPT中原本可以改正的某一个错别字或某一个标点符号而抓狂。

遇到这些"龟毛"的人时，人们往往会将原因归结于这些人出生时的星座属性；当然更靠谱一些的做法是去翻看书籍，在书里面找原因。而心理学家告诉我们，有这样症状的完美主义者，其实是患有一种轻微的强迫症，如果任其发展就很容易引发心理疾病。

生活中的完美主义者大多活得不快乐，他们总是和自己较真，对待他人也要求很高，哪怕是纤毫细节的不满意，也要不管费多大的力气，都要把事情处理到让自己满意了才行。而实际上，在生活中，如果能放弃对完美主义的坚持，允许自己或者他人犯一些无伤大雅的小错，其实能活得更轻松如意些。

当然，有些人在其他方面也是可以降低要求的，只是一遇到了爱情，就会变成一个完美主义者，容不得其中的一丁点儿瑕疵。

我们不能容忍对方的欺骗，不能接受男友和前女友还有联系，不满他不再像以前那样对自己处处呵护……面对这些不完美，我们甚至还会产生疑问和心理暗示：他是不是不够爱我？于是，你就纠结了、矛盾了。当对方的行为和我们所期许的不同，我们会生气，而一旦遭遇爱情中的欺骗甚至被抛弃，伤害就会被放大数倍。

完美主义者活得很累。因为所谓的"完美的爱"在现实中不可能存在。如果我们对自己的恋人凡事要求完美，要求他为我们百分之百的付出，难免会让人觉得心累。除了生活工作，如果感情经营也这么累人，那我们就会觉得自己生活得很艰苦。

想在恋爱当中追求完美主义，最后十之八九会以悲剧收场。因为以完美主义的要求来衡量对方，必将导致这一段关系无法正常发展。其实生活中的完美主义者很多，即使他们本身并不承认这一点，而这恰恰也就是人性弱点的体现：我们明明很清楚自己的行为不对，但总是无法控制自己，而非要沿袭原来的模式和习惯。

完美主义其实是虚幻的另一个代名词。世界上本来就没有完美的东西，就算是科学赖以发展的公理定理，也必须在某种假设或前提下，才是正确的。"完美"就是一个乌托邦式的假想，一个总是追求完美的完美主义者，总会对很多事物感到不满，他们的眼中总会看到瑕疵，总能找到必须改变的理由。

其实，每个人在自己的感情世界里都会有个底线，如果对方的行为没有触碰到你的那个底线，比如说对方没有犯道德伦理上的错误，没有打着爱你的旗号却对你另有企图，那么这种不完美就还在可以接受的范围之内。

而对于那些爱情完美主义者来说，要想获得幸福，就要学会加强与外界和他人的沟通，学会多角度、多维度地看待问题，不要只局限在自己的世界和观念中，要有意识地强迫自己放弃对爱情、对对方过高的要求。

2. 等白马王子娶我：公主病

周慧是家中的独女，从小在大家的呵护下长大，父母也总是把最好的东西给她。周慧在谈恋爱时对自己男朋友的要求也很高，既要长得帅、有才华，经济条件也要好。此外，周慧特别喜欢别人宠着她。她要求自己的男友必须是个暖男，能时时刻刻关注她心情的变化，她要是不高兴了，或者发生什么不愉快的事情了，男友要第一时间去关心她、呵护她。

经过千挑万选，周慧还真找到了一位合意的男友。刚开始谈恋爱的时候，男孩子肯定会有诸多的迁就忍让，后来就发现她的某些行为有些过分了。周慧认为爱她就要时刻对她好，要时刻心里想着她。如果不开心时男朋友不去哄她，她就会暴跳如雷，指责对方不配当自己的男友。打电话的时候，必须她先挂断，如果男友先挂了她就会生气，说不在意她，因为她不希望听到被挂掉电话的冷冰冰的声音。

周慧希望自己的男友每个月能给自己买一个名牌包或者名牌首饰，这样才能让她感受到实实在在的关爱，但是又不希望他整天加班忙碌，没有时间陪她。男友受不了她这样的性情，觉得她的爱很狭隘，一点点小事也要自己去关心她，而她根本不在乎自己面临的具体情况。在男友看来，周慧是得了公主病。

最近几年，公主病好像在年轻女孩当中忽然流行了起来。它指一些自信心过于强盛，要求获得公主般的待遇的女性。因为她们从小在家人的呵护、伺候中长大，所以对他人产生了严重的依赖心理。这种心理逐渐发展就演变成了某种病态，要求别人对待她的时候必须小心呵护、全力奉献，就像对待公主一样。

患有公主病的女孩几乎都会对自己的男友有诸多挑剔。她们希望找到真正的"白马王子"——她们的男友要相貌英俊，有车、有钱、有房，还要浪漫。只有达到这些标准，才会被她们认可。她们认为选男朋友和选衣服是一个道理，要看上去有面子，所以用尽心机追求"名牌"。

另外，得公主病的女孩通常很骄纵，希望在任何时候，在任何场合都能获得公主般的待遇。她们有明显的自恋倾向，心理年龄偏小，对自我评价失衡，自我角色膨胀过分。有时候，她们会超过现实放大自己的优势，觉得自己家世好、样貌佳，大家都应该以她为中心，围着她转。

得公主病的女孩，意志力和耐受力比常人会弱很多，遇到问题，很少从自己身上找原因，而往往认为是别人造成的。这类女孩遇到困难时除了抱怨就是选择逃避，做错了事还希望别人为自己买单。

有一些女孩因依赖于父母长期的照顾而动手能力差，眼高手低缺乏责任感，不仅控制自己情绪的能力弱，也不懂得照顾他人的情绪，所以总是造成人际关系紧张。她们很懒惰，别人的事情别人做，自己的事情也让别人做。她们娇气，让男人客串力工帮她拿东西都是家常便饭，就连散步累了也要让人背。公主病女孩往往很奢侈，她们出门绝对不肯乘公交车，出门要么打车，要么坐私家车。而且这类女孩狂爱名牌，认为刷爆信用卡，由白马王子代为还清是天经地义的。正因如此，这类女孩很难适应社会环境，在工作、恋爱、婚姻中问题多多。

即便将自己幻想成公主，也未必真有白马王子来爱她，因为不会有人会喜欢浑身公主病的假公主。所以患上公主病的女孩，必须及时地醒悟过来，不要活在自己的世界里，要不然就会处处碰壁。

公主病女孩首先要正视自身存在的问题，端正对自己的认识，不能继续陷在"我就是世界中心"的认知当中。其次，要懂得感恩。要懂得关心为自己服务或者奉献的人，并心怀感激。再次，要有同理心。遇到事情，多站在别人的角度看问题，不能只要求别人体察自己的内心感受，也要多关注别人的情绪反应。最后，不要过分要求对方提供奢华的生活条件。无论原来生活在高处还是低处，都要懂得接地气。

3. 我是男人我要做主：直男癌

王勤读完博士后在一个国企就职。因为一直忙着学业工作，王勤年过30还没有合适的对象，家里人很着急，就帮她张罗相亲。王勤觉得反正认识一下也无所谓，于是就答应了。相亲对象算是个小领导，但是气场很强。在见面的整个过程中，他的一些言辞击破了王勤的三观。

他说，男人越老越吃香，女人一过25岁就开始贬值了。不要觉得你是女博士多了不起，一个女人不能生儿育女，那和不会下蛋的鸡一样没人要。女人到一定年纪就要结婚，一结婚就要生孩子。你看现在的剩女谁还要？

女人也不需要有什么事业，把老公孩子伺候好了，就是成功。女人有钱都是男人给的，即便职场高升也是靠潜规则。你不要以为找到高富帅是好事，高富帅只是贪图你的美貌，我对你才是真爱。女孩学历高有什么用，趁年纪轻赶紧嫁了。

你以后不要这样穿衣服，穿得性感就是不正经。现在社会那么乱，都是那些穿得不正经的女人造成的，苍蝇不叮无缝的蛋。你还是处女吧？我不能接受你不是处女，这说明你的生活很不检点。不检点的女人是不能要的。我希望我的妻子单纯、漂亮、害羞，一定要是处女。

这一番言论让王勤想要直接上去赏他两个耳光，但是想到不能与傻瓜论长短也就忍住了。

现下社会中的这种直男癌的确很招人痛恨。"直男癌"这个新词来源于网络，是网友对那些自恋、自以为是、略带大男子主义倾向，性取向为女性的男生的一种调侃。主要特征是审美为负，衣着品位恶劣而不自知，他们往往非常不尊重女性，认为女性是男性的附庸。他们还固守着封建社会里的男尊女卑思想，认为一切权力都掌握在男性手里。

直男癌活在自己的世界观、价值观和审美观里，时时流露出对别人的不满，并会利用"社会普遍标准"塑造出自己心目中理想的女性形象，固化性别身份，他们要求女性压抑自己的真实欲望，去无限贴近自己所期望的"理想女人"。

直男癌通常都是只会夸夸其谈，却还自以为是。就像王勤的相亲对象，觉得自己才华横溢、有男人味，女人看不上自己都是因为她们拜金，心里还想着自己哪天有钱了，各路美女铁定都会对自己投怀送抱。

有一项网上的调查结果显示，70%的人认为自己周围存在或是有潜在的"直男癌患者"。一项大数据趣味测试显示，在参与测试的2万多男性用户中，暖男群体占57.1%，"直男癌"占比38.2%。比例之高，简直细思极恐。

当然，罗马不是一天建成的，直男癌也不是一天养成的。但不管是什么原因导致的直男癌，他们的表现往往都会对女性造成伤害。

因为直男癌的某些表现非常不尊重女性，这样的行为让那些受过良好教育、有见识和阅历的优秀女性尤为反感。随着社会的进步和文明的发展，现代女性的自主意识和经济条件都不输同龄男性，而所谓"剩女"的出现，往往并不是因为这些女性过于挑剔，而是周围的男性还活在过去，没有和这个时代同步。

　　直男癌如果不正视自己的问题，扭转错误、狭隘的认知观念，异性资源只会越来越少，就像电脑病毒一样慢慢被杀毒软件隔离杀掉。

4. 如果爱，请认真爱

一个比潇潇大好几轮的老男人对她很好。而面对对方的风度翩翩、成熟稳重、无微不至，潇潇也确实感到难以招架。

后来，潇潇和这个男人在一起了。可是她很潇洒地对外宣称，自己不过是贪图对方手中的资源，爱他的钱，其他的事情不用过于在意。尽管如此，在平时的相处中，还是会看到她为这个男人心花怒放，为了这个男人难以入眠，为这个男人打翻醋瓶子等一系列只会发生在恋爱中男女身上的故事。

大家心中生疑，这到底是一场爱情还是一场交易？其实真正的爱情是没有任何界限的，无关年纪和国籍，最重要的是合拍。任何年纪都需要爱情，任何人都渴望爱情。其他不重要，最重要的是两个人一开始对爱情的态度是端正的，是打算认真相爱。

爱就要好好爱一场，在相处过程中的每个细节都是真诚的，好似丝缕清晰的荷包结。即便哪一天分开，日后想起来，也会余味无穷。真正的爱情，必然要经历时间的考验。为什么呢？

因为彼此真诚以待，用心关注对方，在日积月累中沉淀了深厚的感情，这样认真的态度当然能演变成一种细水长流式的爱情了。真正的缘分，也许不是上天的安排，而是你的主动。为什么会主动呢？因为你会用行动去证明自己，哪怕自己不优秀仍然会努力让对方看得见。

我们常常会说，感情是一场游戏，谁认真谁就输了。想想我们经历过的那些感情，没有认真地对待，最后结束的时候都充满了遗憾。也有人说，太认真了最后肯定就会受伤。可是难道以游戏的态度面对爱情，就不会受伤？

时间会告诉我们真相。有些事情，要等到我们成熟之后，才明白当初没有用尽全力爱过自己所爱的人是一个错误。有些东西，我们学会认真对待了，也会在某一种时刻恍悟原来自己还有这样的缺点，原来自己还可以做得更好。

在生活当中，有不少的人因为寂寞，因为孤单，因为父母，因为被别人看不起，而随便找一个人恋爱。有一句很流行的话是这么说的："我们总在随意相爱，认真孤独。"因为相爱得太容易，太随便，根本不是出于内心真正的喜欢，所以两个人相处都由着自己的性子，不懂得珍惜，不懂得为对方考虑，两个人的恋爱生活矛盾丛生，爱情最终只能成为过去式。但是人到底还是感情动物，虽然一开始并不喜欢，但是在相处过程中投入了感情最后却造成彼此的伤害，这才是令人痛苦的事情。

无论如何，爱情只是人生的一部分，我们的人生不是为了消遣存在的。我们的价值无论在爱情方面，还是在事业方面都是靠认真来实现的。那种为了摆脱单身而恋爱，或者为了其他目的而恋爱的想法都是错误的。我们要的爱情是好的爱情，只有认真对待感情的人最后才能收获自己想要的硕果。

请认真地相爱。遇到爱情，就要用真实的自己，用力去爱。如果我们不认真地去爱，也许没有人会责怪我们，但最后留给岁月满满的遗憾，那才是最痛的。所以，能牵手的时候，请别肩并肩，能拥抱的时候，请别手牵手！能相爱的时候，请别说分开！拥有了爱情，就请认真地相爱。

5. 学会换位思考，才能真正爱人

看过这样一则小笑话。妻子正在厨房忙碌地炒菜，她的丈夫也站在旁边，但不是给她打下手，递个盐拿个蒜瓣，而是一直在唠叨："慢些、小心！火太大了。你赶快把鱼翻过来、油放太多了！"妻子拿着锅铲，很想朝他的脑门上拍一拍，"我懂得怎样炒菜，不用你指手画脚，一直叨叨个不停。"丈夫点点头，告诉她："我也只是要让你知道，我在开车的时候，你在旁边喋喋不休，我的感觉如何……"

有人说，世上没有感同身受这么一回事，可是此情此景下的体会其实是相通的。爱人之间的相处颇有艺术之道，即使很爱对方，可是我们仍然很难变成他，去理解他的世界。如果我们想做到爱人如爱己，就要做换位思考，凡事从别人身上出发，思考他的感受，理解他的情绪，也就是把别人换成自己。

换位思考是对自己爱人的尊重，有尊重这样的基础，就能够很容易体察到对方的困境和困局。没有尊重，心里就会对爱人产生嫌隙，不理解不认同他的做法，有些时候就会采用吵架等过激的方式解决。

人与人之间和睦相处也都是建立在彼此尊重的基础上。恋人之间关系微妙，情绪波动不易掌控，必须做到实质性相互尊重，才有意义。因为每一段爱情，都会从激情走向平淡。开始时电击般的兴奋和痴情，慢慢地变得温和平静，少了冲动，开始觉察心中人的缺点，也会为失去新鲜感而烦躁不安。如果没有对彼此的尊重，没有能够从对方的角度看问题、解决问题，新鲜感顿失之后产生的矛盾就很难处理。

美国电台对婚姻能持续30年以上的夫妇进行采访，他们发现当妻子感觉到不被爱的时候，她通常回应的方式是不尊重她的丈夫。而当丈夫觉得不被尊重时，他倾向于回应的方式是不向她表达爱。而且丈夫希望的尊重不是由于他做了什么，而是因着他本来的样子尊重他。

尊重是换位思考的前提，换位思考是一段关系能长久维系的必要的因素。因为，它会给对方带来克服万难的信念。一位丈夫说，感受到他的妻子，也是最亲密的朋友的尊重和爱意，可以减少他对失败和不足的恐惧。还有人这样解释换位思考的意义："它就像在海上航行中助力的风，没有人比我的妻子更了解我，她对于我的尊重和理解就像是一个非常准确的晴雨表，会展现出我是如何工作，以及我是如何自信地面对困难的"。

《圣经》上说："最要紧的是彼此切实相爱，因为爱能遮掩许多的罪。"所谓的切实相爱其实就是换位思考，让自己成为别人。如果我们心中有对爱人的浓情爱意，我们就能放下自己，站在别人的角度替别人来着想，为别人考虑。

我们要爱上对方就要学会从他的角度思考，这样你才可能真的爱到他。人都是爱自己的，但是能否真的也可以爱别人如同爱自己呢？很难。但是如果我们真正地爱对方，就可以学会换位思考，理解对方、包容对方。

和换位思考类似的一些词汇，比如说将心比心、设身处地，这些都是达成理解不可缺少的心理机制。它客观上要求我们将自己的内心世界，如情感体验、思维方式等与对方联系起来，站在对方的立场上体验和思考问题，从而与对方在情感上得到沟通，为增进理解奠定基础。这既是一种理解，也是一种关爱！

如果我们不能站在对方的角度思考问题，不能换位思考，就很难在思想上与对方取得共鸣，在情感上增进理解。如果仅凭这一腔热情，仅凭着自己的意志和毅力来爱对方的话，那几乎是不可能的，即使是能做到一时也不能做到一生。

换位思考还必须有毫无保留的信任。即使做不到完全信任，双方也要有一定程度的信任。只有信任，我们才会愿意把自己当作对方，放下成见，坦诚面对，共同面对生活中的风风雨雨。

换位思考虽然简单地说就是要站在对方的角度考虑问题，但是如果没有尊重、没有信任、没有同理心就很难做到。

第八章 我们都一样，曾经被伤害

1. 我感觉嫁了一个假老公

陈薇薇和相爱多年的男友结婚了，她的老公是个警察，经常不能按时下班，遇到特殊情况还不能回家。陈薇薇好不容易等到他回来，想去散步，他说外面冷，一直窝在床上看电视。可是他的兄弟一个电话，不管多晚多冷，哪怕外面下刀子他都要出去。

不久后薇薇怀孕了，晚上饿了让老公煮个东西吃，他就说叫外卖吧。陈薇薇觉得他以自我为中心，根本不体谅她的感受，平时没有空陪自己的老婆，那么最起码在形式上要补足吧，可以多说些关心的话语，有空两个人出门逛逛看个电影，可是薇薇的老公只会待在家里打游戏。其他什么浪漫，送礼物更不用说了。

薇薇生完孩子后，她的老公很少帮忙照顾孩子。晚上下班偶尔陪耍一下，每次晚上冲奶薇薇都得自己起床，因为他睡得像猪一样，根本叫不醒。孩子生病了，薇薇带孩子看病，还要操心吃喝，把自己累坏了。她生病的时候，老公也从来不搭把手帮忙。有时候，薇薇伤心地掉眼泪，他的老公很纳闷，哭什么呢？可是薇薇却感觉自己像是嫁了一个假老公，想要离婚。

也许有人认为，薇薇的婚姻其实还不错，老公没有到外面胡作非为，下班了就回家。虽然家务、照顾孩子的事情不帮忙，可男人大多不都是这样的吗？其实，这些都是误区。让我们来看看，为什么薇薇老公的表现，会让她觉得这样的婚姻很无望。

首先薇薇说自己好像是老公眼中的隐形人，没有得到关注。我们和一个人结婚，不是为了有车有房，不是为了单纯延续后代，也不是为了改变命运……而是为了在和一个自己喜欢的人在深度连接中，获得"你的眼中只有我"的不可替代感。

人是情感动物，很多人们的不满、生气甚至愤怒，其实都是缺少安抚所致。长期得不到正面的关注与安抚，就会去寻找负面的刺激。一些问题小孩，以及经常无理取闹的妻子，其实都是在无意识地寻求着父母或伴侣的关注与安抚。

薇薇要求自己的老公陪她，让他为自己做些事情，也是在呼唤丈夫的安抚。她想要的无非就是老公的眼里有她，能看见她的需求和感受，能根据她的需求和感受做出回应，给予她所需要的安抚。

薇薇的困扰在我们看来具有广泛的代表性。现在有很多这样的婚姻，在外人看来幸福美满，在男人看来天下太平，但婚姻之内的女人，却觉得心如死灰，得不到滋养。那么这样的婚姻应该结束吗？

作为丈夫，薇薇的老公的确不是那种让人感觉温暖，能够带给妻子亲密感和关注的男人。其实说白了，他们还留存着强烈的大男子主义的倾向，所以在生活中会漠视别人需要安抚的情况。这样的男人还真是一抓一大把。

女性常常会把他们的表现解读为"不爱"。其实除了这种原因，背后的可能性还有很多。比如说，有的是性格使然，有的因为共情能力比较差，还有的是认为没必要，觉得结婚就是过日子，平平淡淡最真。

老公们需要理解妻子想要更多关注的合理需求，找到自己行为背后的真正原因，并主动去做出调整。薇薇对老公的态度其实也存在过度反应的倾向，调整好自己的心态才是改变婚姻状态要踏出的第一步。

抱怨自己得不到安抚的人，常常也是等待别人来安抚自己的被动者。你想要的，必先要给出。其实，我们可以先从自己做起，感恩伴侣对我们的每一点好，同时学习主动地安抚对方。当他需要赞美的时候，我们不要吝惜自己的语言；当他在痛苦中需要安慰的时候，我们也不要迟疑。用自己的行动去打破僵局，相信对方也会在这个过程中被影响并有所学习。

此外，薇薇需要提高自己的感受力。爱的语言有5种：身体的接触、精心的时刻、服务的行动、接受礼物和肯定的语言。每个人最需要的和擅长给出的，都会不同。

只有当我们放下指责和抱怨的时候，才会更容易看到一些被我们无意中忽略的事实。而自己得到的安抚感，是能够拥有幸福感的最重要的前提。这个世界不是缺少安抚，而是缺少感受安抚的能力。

当然，薇薇的老公也必须提高对家庭的责任感和参与度。

因为，很多男人在原生家庭基本也是衣来伸手饭来张口的孩子，所以当他自己组建家庭的时候，还停留在过去的角色中，没走出来。

有一些女性很聪明，在恋爱期间，就开始培养自己的男朋友参与到家庭的事务中来，让他们学会承担家庭的责任，有家的意识。毋庸置疑，受传统观念的影响，很多中国男性都觉得家事应该由女性负责，男主外女主内，他们觉得合情合理。顾家又忙工作的女性，一定要让男性做家务的观念树立起来。这样的婚姻才会不断地改变和成长。爱情最好的关系就是相互滋养，美好的婚姻可以通过调整和经营来创造。

2. 放下别人其实是放过自己

　　汪雯雯和她的男友分手了，可是分开一段时间后还是觉得自己很爱他。没有了他，汪雯雯能感受到的幸福都不一样了。汪雯雯想要和前男友重新开始，可是他的前男友没有同意，他明白地说不可能再继续了。汪雯雯心如刀割，知道自己也说不动他，于是打算来前男友的城市找他。前男友躲着她，不接她的电话，不理会她的邮件。他不胜其烦，觉得汪雯雯纠缠不清其实是在报复她。汪雯雯坚持自己还爱着他，她觉得自己没有放下他，只是不曾想，自己现在的爱成了对方的负担。

　　放不下的爱，我们在感情中好像也有类似的经历。这是真的放不下吗？一个苦者找到一个大和尚倾诉他的心事，希望大和尚的智慧能帮他脱离苦海。他说："我放不下一些事，放不下一些人。"大和尚说："没有什么东西是放不下的。"他说："这些事和人我就是偏偏放不下，在心里惦记着、想着、也苦恼着。"大和尚不说话，让他拿着一个茶杯，然后就往里面倒热水。热水充满了杯子，然后从杯中溢出来，大和尚仍然在继续倒水的动作。苦者被溢出的水烫到，马上松开了手。大和尚说："这个世界上没有什么事是放不下。痛了，你自然就会放下。"

所以拿放不下当作借口，总想着失去的爱，这样是不妥当的。爱是流动的，不是单方面的一种痴缠。我们的爱不是一种负担，爱是轻盈而温暖的羽绒被，轻轻覆盖却让人舒适无比。如果继续停留在昨天，放不下对方也放不下失去的爱，每天在心中翻来覆去地想着我怎么能挽回他，我怎么能保有原来的爱，其实就是在反复地折磨自己。

这番剖析于现实毫无益处，只会让自己一遍一遍地回忆痛苦，让自己一遍一遍地挣扎和纠结，永远无法走出失落的困境。放下别人，其实真正放过的是自己。汪雯雯这样的行为简直就是自我为难，和自己较劲。也许我们无法选择自己怎么想，但至少要知道，让自己受苦的是你执着的想法，不是那个人和那些往事。

不愿意放下是一种执着，而执着会让人变得偏执、丑陋，暴露了人类的自私。因为曾经爱过，因为对方给了自己那么多的关爱，所以现在不想让对方离开，要让他和自己的一生捆绑在一起，这难道真的就是所谓的爱？这样下去，原来多么美好的事情都会变得很丑陋。

放下别人就是放过自己。冷静地分析，有过一段美好的情感经历，有过甜蜜和美好的时光，这不就是我们幸福的人生经历吗？在没有遇到对方的时候，汪雯雯还没有体会到爱情的甜美，有过男友的关爱和呵护，了解到生活的另一种样子，这就是她赚到的人生体验。有过爱，汪雯雯知道自己值得爱，明白深情款款情有独钟到底是怎么回事；有过爱，汪雯雯知道自己的美好，相比单身的孤独，人生的层次更加丰富。

很多人觉得，我爱过别人，付出了自己的爱，那么对方就是我的一个受惠人，不能这么轻易随便地离开自己。事实上，因为爱的对象的存在，你才在自己身上体验到了一种特别感觉，有收获的人是自己也是对方。我们对爱人的付出是为了自己爱的感觉，而不是为了对方，所以我们不能以爱的名义占有爱人。

爱人消失了不等于爱消失了。我们要继续往前走，直到看到向往的风景，以前就变成走过的地方。人生这么短，我们要去体验经历的事情还很多。我们要慢慢学会释怀，多读书、多旅行，眼界开阔了才不会狭隘。了解了世界的辽阔、生命的不易，做人做事才不至于那么苛求，才会慢慢学会宽容。

3. 走出伤害，要感谢的是自己

有爱就有伤害。谈过恋爱的人或多或少都会在感情中受伤，几乎很少人在追寻爱情的路上没有受过伤害。爱情有多甜蜜就会有多痛苦。很多人会像前文中的汪雯雯一样在失败的感情中挣扎，但是更多的人选择勇敢面对，失去了爱情不代表失去了人生，我们要在低谷中磨砺，然后再次出发。

首先我们要肯定自身价值。通常情况下，当一个人在恋爱中被分手，第一个反应自然是认为在这段感情中自己做得不够好，做得不够多，自己身上有很多缺点，或者自己做错了什么，所以导致了最后分手的结果。

我们自责，我们背负着很重的负疚感。可是，是不是对方认为我们不可爱，就不值得爱了？对方离开了我们，就是没有价值的体现吗？我们常常会将自我的价值建立在他人的评价上，这观念显示自己没有自信，也表明自己没有思想。

当一对男女分手的时候，主动提出分手的那一方，可能是因为很多不同的原因才提出分手，不一定是你的问题，更可能是他自己的问题。所以不要因为分手了，就认为是自己的错误，是自己的缺点所造成的。

每个人的个性不同，生活习惯也不同，我们可以检讨两个人相处的技巧，检讨两个人沟通的方式，找到问题解决的方法。但是，更要肯定自己对这份感情的投入和珍惜，如果在这份情感中，我们全心全意想过策略和办法来解决两个人出现的问题，这就是我们在这段感情中最值得肯定的价值。

当然我们也要想想自己有没有可以改进的地方，但是这种检讨是在肯定自己之后做出的，而不是对自己丧失信心，选择放弃之后做出的。

其次，我们要学会宽容饶恕。人总会犯错误。如果在我们肯定自我价值之后，发现都是因为对方的错误造成了感情的失败，我们同样也会有很强的挫败感，甚至会痛彻心扉。一段纯美的爱情在遭遇背叛时，伤痛会来得更加凛冽。我们要宽恕对方，放下过往。如果一直在为过去的事情纠结，只会让自己更加痛苦。原谅和宽恕对方会需要一段时间，更需要一个过程。

在这个过程中，该哭哭、该闹闹、该购物购物，平常生气伤心的事都可以做一遍，这并不是堕落，而是发泄的途径。常言道，有些事情发泄了之后就没事了。人都有情绪，不必压抑，假装的坚强完全没有必要。

在这个过程中，我们还可以找闺蜜和好朋友倾诉，最好不要找亲人。因为亲人会心疼会担心，而朋友往往能以客观冷静的态度帮你看清问题。

最后一方面就是要重新开始，这也是最重要的。无论我们前面遇到过多大的问题、困难，哪怕是跌倒了，也要再站起来。有些女性在走出伤害的过程中，情绪波动很大，甚至会因为接受不了痛苦去低三下四求复合。如果两个人有深厚的感情，只是一时冲动或者沟通上存在问题，那么复合的机会就很大。可是爱情如果消失了，还罔顾其他去挽回，那么即使两个人和好也很难如初。

请记住，不要因为一棵树而失去了整个森林。不要因为一次的感情伤痛，就再也不谈感情了，当心情和情绪逐渐恢复平稳以后，我们就需要重新开始。开始出发才会遇见更好的自己，遇见和自己更合拍的人，遇见更美丽的风景。

这样适时的鼓励，对自我的重新出发很有意义。无论如何，我们要相信自己，能走出感情的困境，是因为有一颗不放弃的心。我们不放弃追求爱情的美好，也不放弃自我的努力和自我的成就。

4.付出爱，满足爱

　　林贝选择结婚的对象并不是她很喜欢的人，不过大家都结婚了，她也很着急，于是在合适的时候，林贝就把自己嫁了。林贝的老公为人憨厚老实，工作也还不错，可是她就是不太喜欢。

　　林贝性格敏感，喜欢看文学书籍，在各种爱情小说的熏陶下长大，所以她的内心有着抒发不了的浪漫情节。可是她的老公在人文素养这方面很欠缺，只会赚钱，完全不懂得什么生活情调。林贝心里其实看不起自己的老公，要不是因为孩子估计早就离婚了。

　　因为林贝冷淡的态度，她的老公对她自然也不满意。林贝倒是不在乎，全身心都扑在孩子身上，将自己的爱给了孩子。不过对于婚姻她也不是一点儿都不在意，她也明白自己的心态有问题，对于未来总觉得焦虑和害怕。

其实，为了结婚而结婚的人通常都是这样的心态。如果我们对婚姻存在不恰当的幻想，以为结婚能解决自己的很多问题，最后我们就会发现，这种想法是极其错误的。

因为你想要获得的一切，或许也是对方想要从你身上获得的。任何没有准备付出却想着要有收获的人，最终会发现自己什么都没有得到。林贝肯定会对自己的婚姻失望，但是这都是她自己不负责任选择的后果。

既然选择了这个婚姻，我们就要好好想办法经营好这份感情。林贝在不自觉中也让自己的老公成了这段婚姻的牺牲品和受害者，所以，两个人在婚姻里都很痛苦。虽然两个人有了家，有了孩子，有了大家羡慕的一切，可是林贝的生活还是充满了焦虑和担心。

林贝一直陷在自己对爱情不切实际的幻想里，不愿意面对真实的生活，还幻想着有一天真正的爱人会出现。可是，她从不反思是谁让婚姻变成这死水一潭般的无趣——林贝觉得对方不浪漫，可是面对着一个冷淡的妻子，谁又能让自己的婚姻浪漫起来呢？

要浪漫的生活，自己首先就要在生活中充满情趣和情调。要得到爱就要付出爱，因为所有外在的事物都起源于自己的内在，这是世界运行的一个定律。如果一个人习惯发脾气，那么可能就会常常遇到令自己发飙的事情。如果一个人小气，那么他会经常遇到小气鬼，而当一个人富有爱心，他也会得到人间的大爱。

总之，你要拥有就要付出，付出了爱才能得到爱。世界上的人都想着如何得到自己想要的东西，但是最重要的还是你得先给出，然后才有机会收获你所渴望的。在亲密关系中，有些人是因爱而结合的，可是不久之后感情也会走进困境，这是为什么呢？因为一段关系中的双方都想得到爱，同时又不想付出自己的爱。很多婚姻的失败其实也是源于他们不知道这个原因，或者他们了解这个原因却不愿意改变。

爱是付出，而不能只要求给予。付出爱的过程中，要有宽阔的胸怀，无论是否收到爱，自己都要快快乐乐。付出爱就要满足爱，不能斤斤计较。能够付出就意味着我们比对方丰富，丰富的人自然会收到更多的祝福。

　　林贝将自己的感情放在孩子身上，只是一种暂时的移情，可以慰藉自己。可是要让自己内心真正地踏实起来，必须正视自己的问题，不再执着于自己的幻想，而是选择面对真实的生活。林贝要觉察并有意识地提醒自己："我已经是一个成年人了，要对自己的选择负责，可以调整自己的心情，积极创造生活中的情调和趣味，付出爱、创造爱，也满足爱。"

　　像这样的自我对话要时不时地重复，把它变成一个强大的心理暗示，不断刺激自己，让自己不再沉迷于过去的梦想和生活，学习改变自己、改变自己的生活。林贝必须丢掉那些没有价值的虚幻梦想，有意义地收集现在生活点滴的美丽，比如对方某一次早起做的早点，对方在你病痛期间的关爱，对方临出门前的叮咛……这些都是生活中的情趣和美丽。

　　过去已成事实，关键是我们怎么看待并塑造自己的明天。尊重自己的选择，并且付出关爱，爱就能成就另一种爱。

5. 放下眼前的苟且，去远方看看

　　真实的生活总是很累人的，真实的爱来得也并不容易。我们对于眼前的执着可能只会造成某种局限，触目所及都是时不我与、危机重重的现状。有时候，我们的自我价值感或许会严重地崩盘，生命也会变得沉重。

　　这个时候更不能慌乱，我们需要静下心来，好好观察自己，内心的观照才可以让自己生出力量和能量。要知道，无论我们遇到什么，遇见什么人，都是一种历练。爱是我们的天性，也是一种能力，需要在我们自我观照的过程中学习并且体会。

　　仅仅了解爱，在生活中却没有将它传递下去，爱的能力就会受限，我们对于人生也会产生迷茫和惶然。我们的生活一直处在动态的变化之中，我们的爱也需要在生命的体验中不停地创造、修正，然后再创造。

如果你曾经在爱中迷茫和受伤，如果你曾经因爱而苦痛，如果你曾经因爱而胆怯，那么更要恭喜你。因为你的艰难处境，会让你对爱的体悟更加深刻，而你更有动力和对自己的觉察，促使自己发生改变。

我们可以随着事物的变化，有意识地改变自己。大家或许会认为，要让自己从困境中逃离，让自己的生活重新生动起来很困难，其实，只要你充分运用自己的想象力、坚定信念，就能在心中创造自己的世界。

如果你不喜欢自己，不喜欢自己曾经的情感生活，又没有那种创造力，该怎么办呢？我们可以将这一切暂且放下，换一种心境，看看周围的生活和周围的世界。只要我们愿意接受自己，肯定自己的价值，相信自己的能力，就能够接收到来自世界的祝福和爱。

有了祝福和爱，接受生命的无常，所有的可能性都会发生。人生的际遇都是不可思议的历程，每个人都是上帝的宠儿，只要你有心转变，那么生命就会借由你的转变而改变。当然，如果你还坚持着以前的想法，那么自然就会重复过之前的日子。

我们大多数人都是胆小鬼。我们害怕孤单，忍受不了寂寞，害怕没人爱，忍受不了爱的失去。可是，很多人依然不去改变，这是什么原因呢？从心理学上来说，很多人认为改变可能会失去原有的一些东西，虽然我们也明白自己目前拥有的也许只是一些毫无价值的东西，可是我们还是喜欢那些没用的东西，并以此滋养自己。

人最难面对的不是失恋，而是自己。我们有时候太过于在乎内心的感受，就会扰乱自己对生命的体悟。放下眼前的一切，去远方看一看，学会一个人相处，学会在一个人的生活里把自己照顾妥帖周到，最终也会学会如何爱别人。

我们独自一人来到这个世界，然后一个人离开。这个单独的本质不意味着孤独，它代表的是一种宁静、平和、和谐和自由。我们陷在爱的困局中无法走出来的时候，其实就是失去了自我的本质。

在困局中的焦灼、慌乱、迷茫和局限，这些与单独所代表的宁静、平和、和谐和自由都是相对的。当我们一个人也能很愉悦的时候，就可以发现和体会到自我意识的广阔和丰富。远方其实并不远，当你我心气平和的时候它就已经出现了。

当自我平静舒心的时候，我们会与宇宙有强大的连接，产生无法言说的狂喜和卓越感。当我们能与自己和谐相处的时候，才真正可以和他人建立连接——我们的内心不再依赖对方，也不再担心对方是否喜欢自己，也不再害怕两性的亲密关系是否和谐。

当我们完全把这些放下，最终会发现，原来越是不在乎越是能处理好这诸多的关系。原来复杂无比的亲密关系，也能在放下中变得简单。放下不意味着失去，而是以一种更轻松的姿态、更从容的心态去面对。

爱，难以言说，却在轻松放下之后变得意味深刻；爱，难以忘怀，却在从容放下之后变得回味无穷。愿每一个人，学会爱自己的同时，都能以轻松的姿态获得爱。